# 保育実践と児童家庭福祉論

相澤讓治・今井慶宗 編著

keiso shobo

# は し が き

　少子高齢化の進行，待機児童の増加，児童虐待の深刻化など児童や家庭を取り巻く環境は厳しさを増している．このような中で，よりよい子どもの発達を願って児童家庭福祉の向上に尽力されている方々も少なくない．

　児童福祉法は 2016（平成 28）年に大改正が行われた．改正内容は 2017（平成 29）年 4 月から施行になっているものも多い．この改正の趣旨は，厚生労働省雇用均等・児童家庭局長通知「児童福祉法等の一部を改正する法律の公布について」（平成 28 年 6 月 3 日雇児発 0603 第 1 号）によれば，「全ての児童が健全に育成されるよう，児童虐待について発生予防から自立支援までの一連の対策の更なる強化等を図るため，児童福祉法の理念を明確化するとともに，子育て世代包括支援センターの法定化，市町村及び児童相談所の体制の強化，里親委託の推進等の措置を講ずる」ことであるとされている．

　児童家庭福祉の発展のため，制度・予算面の充実がなされるとともに，保育現場において保育士をはじめとする専門職が児童家庭福祉の仕組みをしっかりと理解しそれを子どもと保護者を援助する場面で実践することが求められ，これらは車の両輪ともいえる．

　本書は厚生労働省の「指定保育士養成施設の指定及び運営の基準について」に定められた科目「児童家庭福祉」の目標・内容を満たすテキストである．指定保育士養成施設指定基準において，「児童家庭福祉」は目標として，①現代社会における児童家庭福祉の意義と歴史的変遷について理解する，②児童家庭福祉と保育との関連性及び児童の人権について理解する，③児童家庭福祉の制度や実施体系等について理解する，④児童家庭福祉の現状と課題について理解する，⑤児童家庭福祉の動向と展望について理解する，という 5 点を掲げている．保育士資格取得を目指し学習を進められる方々が本書を

活用してこれらの目標を達成することができるよう必要にして十分な記述に
なるように努めた．また，同基準では取り上げるべき内容として，ⅰ）現代
社会における児童家庭福祉の意義と歴史的変遷，ⅱ）児童家庭福祉と保育，
ⅲ）児童家庭福祉の制度と実施体系，ⅳ）児童家庭福祉の現状と課題，ⅴ）
児童家庭福祉の動向と展望が示されている．これらは個々別々に存在するの
ではなく，相互に深い関連があるから立体的に捉えなければならない．

　実際の児童家庭福祉の場面では，保育士はこれらを総合的に考えて子ども
を取り巻く課題の緩和・解決に取り組んでいかなければならない．このため，
読者が児童家庭福祉の全体像や内容相互の関係性をつかみやすいように配慮
した．児童家庭福祉の分野においても次々と新しい制度・政策が打ち出され，
統計情報も更新されているので，それらもできるだけ取り入れた．

　本書は，標準的なテキストとして必要とされる水準を維持しつつ，短期大
学等の保育士養成課程で学ぶ学生などの初学者にとって分かりやすい記述に
努めている．一方で，児童家庭福祉に関心を有する一般の方々にも，現状を
理解し，さらによい児童家庭福祉のあり方を考えていただくための素材を示
すことができると確信する．ぜひ多くの方に読んでいただきたい．

　本書の執筆，編集にあたっては，各執筆者の方々，そして勁草書房編集部
の関戸詳子さんには大変お世話になった．紙面を借りて感謝申し上げる．


2017 年 11 月 6 日

　　　　　　　　　　　　　　　　　　　　　　　　　　　　編　著　者

# 目　　次

# 第1章　児童家庭福祉の理念と歴史的展開

## 第1節　児童家庭福祉の理念

### 1. 児童家庭福祉の基本的な考え方

　児童家庭福祉には，児童福祉（児童に対する社会福祉）と家庭福祉（家庭に対する社会福祉）が含まれる．前者の児童福祉は，子どもの権利を守り，支える側面と子どもの発達保障や健全育成を支援する側面がある．一方，後者の家庭福祉は，保護者の子育てや家族関係・家庭環境の維持・向上を支援する仕組み（制度・政策や支援システム）と取り組み（支援者の実践）が特徴である．したがって，児童家庭福祉は，子どもの権利保障や発達保障だけでなく，家族の機能（はたらき）が重要な考え方に位置づけられる．具体的には，①生命を維持する，②生活の糧を獲得する，③子どもを育てる，④心の安らぎを得る，⑤家族を保護・支援することが家族の機能であり，児童家庭福祉は，すべての機能（上記の①〜⑤）にかかわる支援の仕組みや取り組みといえよう．

### 2. 歴史的事象をとおした児童家庭福祉の考え方

　児童家庭福祉の考え方は，それぞれの時代背景（社会・政治・文化・地域性・生活様式など）の影響を強く受けてきた．まず，ヨーロッパの歴史的事象をあげてみよう．

　4世紀から15世紀後半まで続く中世ヨーロッパの社会はキリスト教が普及し，信仰を行動（隣人愛）に示す慈善活動（Charity）が定着していった．

　たとえば，13 世紀のイタリアでは，兄弟会（キリスト教信徒の慈善団体）が棄児（遺棄された子ども）や孤児（保護者を失った子ども）の保護・養育及び棄児・孤児と養母（養育者）を引き合わせる活動に取り組んでいた．さらに16 世紀以降の近世になると宗教改革を推進したルター（Luther, M.）は，1523 年以降，ライスニヒ（現在のドイツ連邦共和国ザクセン自由州内）の教会教区で貧困家庭を支援した．

　このように中世以降のヨーロッパ社会は，キリスト教の信仰を実践することが児童家庭福祉の基本的な考え方であった．しかし，支援の対象は貧困層の家族や棄児・孤児であり，すべての子どもや子育て中の家族を支援する普遍的な社会福祉とはいえない．なぜならば，中世ヨーロッパの社会（とりわけ下層階級に属する人々の間）には，子どもという観念が存在しなかったからである．当時の下層階級に属する人々は，おおむね 7 歳以降の児童をおとなと同等に扱い，児童期の発達保障を重視しない考え方が主流であった．

　16 世紀以降の近世ヨーロッパ社会では，キリスト教関係者や知識人を中心に子どもの教育的配慮を重視する考え方が広まった．1762 年に『エミール』を発表したルソー（Rousseau, J.J.）の教育思想は，その代表例といえよう．彼は，人間の発達段階に応じた教育の重要性を示し，子どもが生きる権利をもった独自の存在であると主張した．

　その後，ヨーロッパを中心に人々を取り巻く社会は近代化が進み，産業革命（18 世紀後半）は社会的格差と児童労働の問題を発生させた．また，20 世紀に起きた二つの世界大戦では，多くの子どもが戦禍の犠牲となった．そのような歴史的事象を背景に子どもの権利保障を重視する社会的気運が高まり，児童家庭福祉の基本的な考え方として普及した．

　一方，日本における児童家庭福祉の考え方は，明治期以降の近代化とともに定着した．しかし，工業化と自由民主主義（個人の権利を基盤とした社会・政治体制）が同時進行する欧米諸国の近代化と異なり，日本では工業化のみを取り入れる近代化政策が進められた．その結果，第二次世界大戦前は親族の私的扶養や地域社会の相互扶助が重視され，国家が子どもや家族の権利を

保障する政策とは程遠い状況であった.

　戦後間もない1947（昭和22）年の「児童福祉法」公布は子どもの権利保障や発達保障を制度化する契機となった. しかし, 国家による家庭福祉（子育て支援など）の制度化は進展せず, 2003（平成15）年の「少子化社会対策基本法」施行以降のことである.

## 第2節　児童家庭福祉の概念

　日本の児童家庭福祉は, 子どもに対する支援（制度・政策と保護・養育）から始まり, 家庭福祉（子育て支援や家族関係・家庭環境を支える社会福祉）が制度化される過程で児童家庭福祉に変容した. その特徴は「児童福祉法」が規定する児童福祉施設をとおして理解できる. たとえば, 1947（昭和22）年公布時の「児童福祉法」第7条に規定された児童福祉施設は「助産施設, 乳児院, 母子寮, 保育所, 児童厚生施設, 養護施設, 精神薄弱児施設, 療育施設及び教護院」であった. 一方, 2016（平成28）年改正時の「児童福祉法」第7条に規定された児童福祉施設は「助産施設, 乳児院, 母子生活支援施設, 保育所, 幼保連携型認定こども園, 児童厚生施設, 児童養護施設, 障害児入所施設, 児童発達支援センター, 情緒障害児短期治療施設, 児童自立支援施設及び児童家庭支援センター」である.

　また, 「児童福祉法」における保育所の規定は, 保護者の役割（特に子育て）が変容したことを物語っている. 具体的には, 1947（昭和22）年公布時の「児童福祉法」第39条で「保育所は, 日日保護者の委託を受けて, その乳児又は幼児を保育する」（下線は筆者）と定めているが, 2016（平成28）年改正時の「児童福祉法」第39条では「保育を必要とする乳児・幼児を日々保護者の下から通わせて保育を行う」（下線は筆者）と変化している.

　一方, 日本の児童家庭福祉に共通する特徴は以下のとおりである.

## （1）　児童の権利擁護・権利保障

　周知のとおり，「日本国憲法」が保障する基本的人権は，私たちが生きていく中で周囲の人々や組織などに侵害されない個人の権利である．したがって，児童家庭福祉は，子どもの成長過程で周囲の人々や組織などに侵害されない権利（1989（平成元）年の国際連合総会で採択された「児童の権利に関する条約」における生きる権利，育つ権利，守られる権利，参加する権利など）を守り，支える権利擁護・権利保障が共通の特徴といえよう．

## （2）　子育て支援の重視

　児童家庭福祉における子育て支援は，①子育ちの支援（子どもに対する個別的な支援），②親育ちの支援（保護者に対する個別的な支援），③住民と専門家による地域社会全体の子育て支援という特徴がある．また，支援者に共通する実践的役割は，保護者との信頼関係構築，傾聴・共感・受容に基づく相談援助と支援，関係機関との連携・協働などである．

# 第3節　児童家庭福祉の歴史的展開

## 1．日本における児童家庭福祉の歴史的展開

### （1）　日本における児童家庭福祉の歴史的概観

　稲作が普及した弥生時代（紀元前10世紀後半から紀元2世紀）以降，日本は人々の社会統合（稲作の共同作業や水田の共同管理など）が進み，身分階層（社会的格差）や王権による統治体制が形成された．また，生業（稲作）を継承し，イエ（家）の存続を重視するため，稲霊信仰と祖先祭祀が結びついた．とりわけ，イエ（家）の存続を重視する文化は，日本における家父長制（男性優位の世襲制）や女性が家事・育児を担う性別役割分業（夫婦の役割が異なる状態）の原点といえよう．言い換えるならば，日本における児童家庭福祉の歴史は，家庭内のジェンダー（社会的・文化的性差）と表裏一体であった．

　近代以降の日本では，明治政府が家父長制を制度化し，明治・大正期の教育分野で良妻賢母主義が推進された．また，昭和前半には，戦時国家体制下の政府・軍部が家庭と地域を守る女性の性別役割分業政策を進めた．

　第二次世界大戦後に制定された「日本国憲法」第14条は，人種・信条・性別・社会的身分・門地にかかわらず，法の下の平等を規定している．しかし，現代の日本社会においても良妻賢母主義を重視する風潮は残っている．

## （2）　日本における児童保護の時代

　明治期から大正期，現代の社会福祉に該当する支援は慈善事業と呼ばれていた．さらに大正期から第二次世界大戦前は社会事業と呼ばれ，児童家庭福祉に該当する支援は児童保護が主体であった．たとえば，大正期に内務省社会局（現在の厚生労働省の前身）が管轄した児童保護は，①胎児・乳児・幼児保護（無料産院，児童健康相談所，昼間保育所など），②労働児童保護，③遊戯体育・教化（児童遊園，児童図書館など），④児童の福利増進運動（児童保護協会など），⑤児童鑑別・一時保護，⑥被虐待児童保護，⑦育児事業（養育費給与など），⑧感化教育，⑨障がい児の保護，⑩病児の保護であった．

　このうち，昼間保育所（現在の保育所）は，1919（大正8）年時点で東京府内の16か所，大阪府内の15か所をはじめ，京都市・横浜市・神戸市・長崎市など61か所で保育事業が運営されていた．また，昭和初期における昼間保育所の施設数（定員）は，1926（昭和元）年が312施設（30,081人），1929（昭和4）年が419施設（48,509人），1931（昭和6）年が567施設（59,475人）と増加の一途を辿った[1]．

　昭和初期から1945（昭和20）年の敗戦に至る期間，社会事業は戦争に役立つ人的資源の維持培養と国民生活の安定を目的とする戦時厚生事業に変容した．当時の子どもたちは国防国家体制と国防強化に関する学校教育を受け，女性は国防国家体制を支える人的資源（出産や子育ての担い手）及び軍事産業などの労働力として期待された．

### （3）　日本における児童福祉の時代

　敗戦後の昭和 20 年代初頭，日本国内には戦災で家族を失った子ども，海外から引き揚げてきた家族，戦没者遺族（母子家庭や寡婦など）をはじめ，生活困窮する人々が多く存在した．そのような状況下の 1947（昭和 22）年，児童の権利保障と発達保障などを定める「児童福祉法」が公布された．

　当時の子どもにかかわる福祉的課題は，路上生活をおくる子どもたちの保護であった．児童福祉法の制定・公布により，戦前の孤児院（約 190 施設）は養護施設に改称され，戦災で家族を失った子どもたちを保護・養育した．一方，母子家庭に対する社会福祉制度は児童福祉制度よりも整備が遅れていた．1949（昭和 24）年より母子家庭を支援する制度（母子福祉資金貸付制度など）は整備されたが，「母子福祉法」（後年の母子及び父子並びに寡婦福祉法）の制定は，1964（昭和 39）年まで待たなければならなかった．

　ところで第二次世界大戦後の家族形態は，夫婦及び児童だけで構成される核家族化の進行が特徴といわれる．しかし，核家族は 1920（大正 9）年の時点で住居と生計をともにする世帯の過半数を占めていた．むしろ，第二次世界大戦後の日本における家族形態は，核家族よりも各家庭で暮らす子どもの人数の減少（すなわち少子化）が特徴といえよう．

### （4）　日本における児童家庭福祉の時代

　高度経済成長を経た日本の社会・経済は児童と家庭に様々な影響をもたらした．また，家族形態も子どもの人数の減少などにより変容した．さらに重要な点は，子どもが暮らす家庭の質の変化である．具体的には，①家庭機能の低下，②保護者の変化（育児伝承の欠如，母親の育児不安など），③子どもの変化（生活時間の変化，ストレスの増加，コミュニケーションの不足など），④親子関係の変化（過保護・過干渉，親離れや子離れの遅延，父親の物理的・心理的不在など）が相互にかかわり，家庭の質を変容させたのである．その結果，子ども自身の問題や親子関係の問題，また，保護者間（夫婦）の問題などが顕在化してきた．

　近年の日本における児童家庭福祉の諸問題は，このような家庭の質の変化が基因であるといっても過言ではない．たとえば，2000（平成12）年に「児童虐待防止法」（児童虐待の防止等に関する法律）が施行された後も児童虐待で犠牲になる子どもたちは多く，制度的な解決の限界を示している．一方，子どもと家庭を取り巻く社会状況に基因する問題が近年の日本で顕在化した．それは「子どもの貧困問題」である．正確には子どもが暮らす家庭（保護者）の貧困問題と考えるべきであろう．「子どもの貧困問題」は，子どもと家庭を取り巻く環境上の問題であり，相対的貧困という側面から解決を支援する必要がある．しかし，日本では「子どもの貧困問題」を絶対的貧困の問題と誤解している人も多く，日本における貧困問題の本質が十分に浸透していない．この点は，日本の児童家庭福祉における今後の課題といえよう．

## 2. 欧米諸国における児童家庭福祉の歴史的展開

### （1）　欧米諸国における児童家庭福祉の歴史的概観

　欧米諸国における児童家庭福祉の歴史は，中世から現代に至る歴史的展開過程の中でキリスト教の精神と諸文化が基層にあった．また，産業革命から始まる近代化は，明治期以降の日本と異なり，工業化と自由民主主義が同時進行する点が特徴である．したがって，欧米諸国における児童家庭福祉は，自由民主主義（個人の権利を基盤とした社会・政治体制）が歴史的特徴の基層といえよう．その端的な例が英国のウェッブ夫妻（Webb, S. and Webb, B.）が提唱したナショナル・ミニマム（National Minimum）思想である．

　「日本国憲法」第25条に反映されたナショナル・ミニマム思想は，国家がすべての市民に健康で文化的な最低限度の生活を保障する考え方であり，第二次世界大戦後の児童家庭福祉制度・政策にも多大な影響を与えた．ところが1970年代以降，財政構造改革を進める先進諸国は，国民の自助努力を重視する新自由主義思想に基づき，サービス提供の民営化（指定管理制度など），自己決定・自己責任に基づく利用・契約制度，経済発展優先の雇用政策（非正規雇用労働者の増加）などの政策を進めた．

　その結果，子どもや子育て家庭の間でも社会的格差が広まり，英国では，1997（平成9）年に誕生したブレア政権が「失業・貧困の原因は一部の国民に対する社会的排除である」という考え方に基づく社会的包摂政策（Social Inclusion）を進めた．一方，米国では，第二次世界大戦前より児童家庭福祉の公的制度だけでなく，国民の自助努力や相互扶助で児童と家族を支援する非営利組織（Non-profit Organization）が存在していた．その歴史的背景には，植民地から独立した建国以来の国民意識とキリスト教文化が内在している．

### （2）　第二次世界大戦前の欧米諸国における児童家庭福祉

　18世紀後半より始まった産業革命により，英国では社会的格差が拡大した．貧困層の家庭で暮らす子どもたちは劣悪な環境下で労働に従事しており，社会問題化した．その結果，1833年に児童労働を規制する「工場法」が制定された．また，英国には生活と自立の支援を必要とする子どもたちも多く存在した．19世紀後半よりロンドンで活動したバーナード（Barnardo, T.J.）は，子どもたちの生活と自立を支援する社会的養護に取り組んだ第一人者である．彼は1870年に子どもたちが木工・金属加工・製靴の技術を学ぶ最初の社会的養護施設（Home）を開設し，その後，20世紀初頭には8,500人の子どもたちが生活する96施設を運営するに至った．

　一方，米国では1853年にブレイス（Brace, C.L.）と社会改良運動家の人々が児童保護協会（The Children's Aid Society）を設立し，路上生活をおくる子どもたちや貧困家庭の子どもたちを支援した．ブレイスたちは教育も重視し，1876年に幼稚園を開設している．

### （3）　第二次世界大戦後の欧米諸国における児童家庭福祉

　1942（昭和17）年，英国では「ゆりかごから墓場まで（From the Cradle to the Grave）」というスローガンに象徴される「社会保険及び関連サービス（ベヴァレッジ報告）」が提言され，第二次世界大戦後の英国における児童家庭福祉制度の基盤となった．その後，1970年代後半に登場した保守党政権の政

策は国民の社会的格差を拡大していったが，20 世紀末よりブレア政権（労働党政権）は子どもたちの貧困撲滅を宣言し，2010（平成 22）年，英国では「子どもの貧困法」（Child Poverty Act）制定に結実した．

　一方，米国では第二次世界大戦前の 1935（昭和 10）年に制定された「社会保障法」（Social Security Act）が児童福祉サービスなどを制度化し，1960 年代初めのケネディ政権時代に継承された．その後，1970 年代以降の米国は共和党政権による新自由主義政策が推進され，1988（昭和 63）年，保護者に対する就労促進や子育ての責任などを柱とする「家族援助法」（FSA）が制定された．また，1996（平成 8）年の民主党政権下に制定された「個人責任と就労機会調停法」（PRWORA）は児童保護などを規定しつつ，貧困を個人の問題に位置づけた．さらに 2009（平成 21）年以降のオバマ政権は福祉国家システム再生を図ったが，米国内の社会的格差は改善されなかった．

注
1) 中央社会事業協会社会事業研究所『日本社会事業年鑑 昭和十年版』中央社会事業協会社会事業研究所，1940 年，p. 202

**参考文献**
橋本伸也・沢山美果子著『保護と遺棄の子ども史』昭和堂，2014 年
森山茂樹・中江和恵著『日本子ども史』平凡社，2002 年
山野則子・武田信子編『子ども家庭福祉の世界』有斐閣，2015 年

# 第2章　現代社会と児童家庭福祉

## 第1節　現代社会の状況

### 1.　少子化の状況

　現在，我が国は，「人口減少社会」である．人口減少社会とは，出生数と比較して死亡者数が多くなり，人口の減少傾向を示す社会である．この一因には，生活様式の多様化や社会構造の変化などによる少子化がある．

　1.57 ショックにより，我が国において，少子化が課題視されてから既に30 年以上が経過し，政府は，これまで重点的な政策課題として対策のための取り組みを続けているが，現在も有効な解決には至っていない．

　出生動向についてみると，1947（昭和 22）年から 1949（昭和 24）年の第 1次ベビーブームと 1971（昭和 46）年から 1974（昭和 49）年の第 2 次ベビーブームを除き，微増した時期もあるがおおむね減少傾向であり，1974（昭和49）年に人口置換水準を下回って以降，低水準の傾向が続いている．高齢化の進展とも相まって，人口構造の 3 区分，年少人口（0-14 歳），生産年齢人口（15-64 歳），老年人口（65 歳以上）をみても，2017（平成 29）年現在で，年少人口 12.4%，生産年齢人口 60.2%，老年人口 27.4%であり，少子高齢化の進展は急激に進んでいるといえる．

　合計特殊出生率は，2005（平成 17）年に過去最低の 1.26 を記録した後は緩やかに上昇傾向を続け，回復の兆しをみせたかのようだが，長期にわたる出生数の減少の影響と，婚姻をはじめとした家族の変容に伴い，今後も出生数の減少は続くことが見通されており，少子化は，今後もさらに進むことが

予測される.

　このような出生が低水準にある理由として，平均婚姻年齢の上昇に示される晩婚化や晩産化，都市化に伴うライフスタイルの多様化などが挙げられており，家庭や家族の変容，就労形態の変化，社会構造の課題などに起因するとされる.

## 2. 少子化の背景

　我が国において，出生のほとんどは婚姻関係にある男女から生じるため婚姻に関して，現在の状況をみると，2015（平成 27）年の婚姻件数は，635,096 組で前年より 8,653 組減少し，婚姻率は 5.1 で前年と同率であった. 初婚の妻の年齢別婚姻件数の構成割合をみるとピーク時の年齢が上昇する傾向にあり，2015（平成 27）年の平均初婚年齢は，夫 31.1 歳，妻 29.4 歳である. これは，10 年前の 2005（平成 17）年と比較（夫 29.8 歳，妻 28.0 歳）しても夫妻ともに上昇しており，平均初婚年齢は，上昇傾向にある. そして，これに伴い，第一子出生時の母の平均年齢も上昇しており，2015（平成 27）年の平均年齢は 30.7 歳となっている. このように婚姻年齢上昇による晩婚化は，出産年齢の上昇である晩産化へとつながっている. 晩産化は，子どもを多く欲しいと考える家庭にとっても，妊娠，出産，子育てに伴う期間や，妊娠，出産に伴うリスクなどから，出生児数への低下につながることとなり，少子化の一要因となる. また，ライフスタイルの多様化に伴い，2015（平成 27）年の生涯未婚率（50 歳時点での未婚率）は，男性 20.1%，女性 10.6% であり，結婚しないという選択をする者の割合は，今後も上昇を続けることが予測されている.

　未婚者の結婚意思に関しては，内閣府が行った 2010（平成 22）年の調査によると，20 代，30 代の男女ともに 8 割超える水準で結婚意向を示しており，恋人や交際経験の有無をみると，「恋人あり」の方が「恋人なし」や「交際経験なし」よりも結婚の意向が強い傾向にあった. そして，現在，結婚していない理由に関する質問では，「適当な相手に巡り合わない」が，そ

の理由として最も多かったが，次いで「結婚後の生活資金が足りない」，「結婚資金が足りない」といった経済的事情を懸念する回答の傾向が，特に男性において多くみられた．経済的な余裕がなく結婚に踏み出すことができない若者の姿が示されていた．

2014（平成26）年には，雇用者の37.4％が非正規雇用労働者であり，15－24歳で30.7％，25－34歳で28％，35－44歳で29.6％であった．近年，この割合は増加傾向にあるといえる．男性は，正規雇用の労働者と非正規雇用の労働者において，配偶者の有無に大きな差が生じており，平均初婚年齢にあたる30－34歳では，正規雇用労働者60.1％に対し，非正規雇用労働者27.1％に留まる結果が示されている．所得に基づく経済的な理由も非婚化，晩婚化の要因であり，少子化の大きな原因である．

このような結婚や出産に関する理想と現実との乖離に関して，子どもをもつことの意識について，先述の内閣府の調査結果をみると，子どもが欲しいと思う人の割合は，既婚者では男女共に9割を超え，未婚者でも8割を超える結果であった．「子どもがいると生活が楽しくなる」と答えた人が最も多かった．その一方で，子どもが欲しくない理由として，「経済的余裕がない」，「子育てするのが大変そう」，「自分のために使える時間やお金を減らしたくない」が理由として挙げられていた．子どもをもつことに対して「経済的負担」や「子育ての負担」があることがみてとれる．このような不安は，実際に子どもを育てている家庭や社会の状況を見聞きし，自身の生活を見通した結果から抱いている不安である．そのため，結婚し，現在子育てを行っている家庭においても，同様の課題であるという認識が必要となる．

## 第2節　子どもを取り巻く現代社会の課題

### 1.　子どもの貧困

子どもの貧困問題は我が国おいて，喫緊の課題である．経済的に厳しい状

況に置かれたひとり親家庭や多子世帯が増加傾向にあり，OECD の調査によると，日本は先進国の中でも相対的貧困率，つまり所得の格差が非常に高い国であり，1990 年代半ばからおおむね上昇傾向を辿っている．相対的貧困率とは，所得の中央値の半分を下回っている人の割合で，国の所得格差を表す数字である．

　2016（平成 28）年の国民生活基礎調査の結果によると，世帯平均所得は545.8 万円であり，中央値（所得を低いものから高いものへと順に並べて 2 等分する値）は 428 万円であった．児童のいる世帯の平均所得は，707.8 万円であり，ひとり親世帯の平均所得は，270.3 万円であった．また，ひとり親家庭の子どもの進学率をみると，大学等への進学率が低い結果となっている．これらから，子育て世帯におけるおとな 2 人の世帯とおとな 1 人の世帯における所得の格差がみてとれる．

　2015（平成 27）年における中央値が 244 万円であり，貧困線は 122 万円であった．相対的貧困率は，15.6％で，子どもの貧困率は 13.9％であった．子どもがいる現役世代（世帯主が 18 歳以上 65 歳未満）の世帯員についてみると12.9％であり，その内「おとなが 1 人」の世帯員は 50.8％，「おとなが 2 人以上」の世帯員では 10.7％であった．ひとり親の家庭における相対的貧困率が高く，親や保護者の生活水準により，子どもの貧困が規定されるといえる．

　このような子どもの貧困で課題となるのは，必要な生活資源や基盤の不足であり，健康上の問題症状の格差や，食生活をはじめとした栄養管理が行われにくいこと，子どもの教育の機会が確保されにくいことなどの問題から，学習到達度の格差が拡がりをみせており，子どもの進学や就職に対する影響は大きく，将来の生活のあり方も含めた連鎖的な影響も少なくない．我が国で暮らすすべての子どもが，平等な機会に恵まれて，健康で文化的な生活が十分に保障されているとはいいがたい状況がみられ，子どもの貧困に伴う格差がますます拡がっているといえる．

　貧困を家庭の問題，個人の問題として，その責任の所在を保護者にのみ押しつけ，切り捨てるのではなく，子どもの権利が保障されず，侵されている

状況を，社会全体で考え，取り組まなくてはならない課題として，認識することが重要である．

## 2. 子どもの虐待

　児童相談所における子どもの虐待に関する相談対応件数は，「児童虐待防止法」施行前の 2009（平成 21）年の 11,631 件と比較し，2015（平成 27）年は 103,286 件と約 8.9 倍に増加しており，年々右肩上がりで件数が上昇している．2015（平成 27）年度の虐待相談の内容別件数では，心理的虐待（47.2％）が最も多く，次いで身体的虐待（27.7％），ネグレクト（25.2％），性的虐待（1.7％）となる．また，主たる虐待者の内訳では，実母が 50.8％と最も多く，次いで実父が 36.3％となっている．死亡事例も減少の様相はみせず，2014（平成 26）年度の第 12 次報告をみると，心中以外では 43 例 44 人と相次ぐ児童虐待による死亡事件が発生している．虐待を受けた子どもの年齢は，2015（平成 27）年度は，小学校就学前の子どもが 42.7％（0 歳から 3 歳未満 19.7％，3 歳から小学校就学前 23.0％）であり，小学生が 34.7％，中学生が 14.3％，高校生が 8.3％であった．

　このように虐待の発生リスクの要因は明らかにされてきており，厚生労働省によると，保護者側のリスクとしては，望まぬ妊娠や 10 代での妊娠，妊娠・出産を通して産後うつやマタニティブルーなどの精神的に不安定な状況に陥ること，保護者が未熟な場合には，育児に対する不安やストレスが蓄積しやすいことなどであることがわかっている．また，養育環境として，未婚を含む単親家庭，内縁者・同居人がいる家庭，人間関係に問題を抱える家庭，親族や地域社会から孤立した家庭，経済的不安を抱える家庭などがリスク要因として明らかにされている．しかしながら，これらの要因を多く有しているからといって必ずしも虐待につながるわけではなく，危機的状況の家族や育児困難を感じている親子を見極めるための目安として，理解をすることが必要である．虐待は，特別な家庭においてのみ起こるものではない．少子化や核家族化，経済不況，社会格差等の様々な要因が，現代社会における生き

辛さとして，虐待を行う保護者にのしかかり，そのストレスのはけ口を家族内における弱者である子どもに向け，ひとりではどうにもできずにもがいているといえる．

　虐待は，子どもの生命にかかわる問題であり，本来最も安心し生活できる家庭という居場所が破綻し，最も愛されるはずである保護者から裏切られ，育っていかなければならず，自らを否定しなくてはならない，子どもの人権を無視した問題である．子どもの心に大きな傷を残し，情緒面や行動面の問題，対人関係の課題や困難を一生涯背負わせ，更なる連鎖を生むこととなる．

　虐待を単なる家族内の問題として，「痛ましい事件が起こった」，「虐待をした親が悪い」，「どこかの家庭の別の出来事」と片付けるのではなく，守られなくてはならない子どもを社会として助けることができなかった，守ることができなかった問題として認識し，子どもの生命や人権を傷つけることなく守り抜き，子どもが健全に成長し，発達できる社会を皆が協力し作り上げていくことが，最も重要である．

## 第3節　児童家庭福祉の役割

### 1. 子どもを取り巻く課題への取り組み

　「ひとり親家庭・多子世帯等自立応援プロジェクト」と「児童虐待防止対策強化プロジェクト」の「全ての子ども安心と希望の実現プロジェクト」が，2015（平成27）年からスタートしている．

　「ひとり親家庭・多子世帯等自立応援プロジェクト」では，安定した就労を実現することが重要であるため，就労による自立に向けた支援を基本に，一人ひとりの実情に寄り添った支援が十分に行き届くよう，子育て・生活支援や学習支援などの総合的な支援を実施している．具体的には，自治体の窓口のワンストップ化の推進や児童扶養手当の機能の充実，正規雇用を中心とした就業につなげていくための親の就労に関わる資格取得支援の充実，子ど

もの居場所づくり，幼児期から高等教育段階までの切れ目ない形での教育費負担の軽減や生活困窮家庭の子どもに対する学習支援の充実といった，ひとり親家庭が孤立せずに支援へとつながる仕組みを整え，社会全体でひとり親家庭を応援する仕組みの構築を目指し取り組みが進められている．

　児童虐待の防止は，これまで「児童虐待の防止等に関する法律」や「児童福祉法」，「民法」により制度的な充実が図られてきたが，児童相談所の相談対応件数は増加し続けており，死亡へとつながる重篤な虐待事件も減少へと至ってはいない．このような状況を踏まえ，「児童虐待防止対策強化プロジェクト」では，発生予防から自立支援までの一連の対策の強化が図られている．具体的には，子育て世代包括支援センターの全国的展開，児童相談所の体制強化プランの策定，里親委託等の家庭的養護の推進，退所児童の自立支援対策の推進を目指したアフターケア，社会的養護に関わる施設機能の充実などが，取り組みとしてなされており，虐待への対応と発生予防にかかわる取り組みへの強化が行われている．

　子どもの権利が保障され，子どもを産み，育てやすい社会，子どもが育っていく中で，将来に対して，希望や夢を抱くことができる社会づくりが目指されている．

## 2.　子どもの安心できる場づくり

　子どもを取り巻く環境は，大きく変化しており，長引く経済不況に伴う社会における貧困格差や子育て負担や不安に伴う虐待など，不安定な課題が多く存在し，孤立化する家庭の状況が浮かび上がっている．また，少子化により，周囲における子育て家庭が減少し，モデル化の機能が働かず，子育て家庭での子育てという行為をモデル化する機会を得られずに，孤立化することが起きている．さらに，子どもや若者の意識においても，ほっとできる居場所の存在の必要性や悩みを相談できる他者とのつながりを模索する姿を2016（平成28）年の内閣府の調査からみることができる．人は，生まれてから人生のあらゆる場面で，常に他者とつながりながら，そのつながりの中で

生きていく．しかし，現在の社会は，そのつながりが希薄であったり，望まない形でそのつながりから孤立してしまう子どもや保護者，家族，家庭が存在している．そのような家族や家庭に，安心できる場を確保し，そのつながりを確保することが，児童家庭福祉に求められる役割であるといえる．

**参考文献**

井村圭壯・相澤讓治編著『児童家庭福祉の理論と制度』，勁草書房，2011 年

厚生労働省『平成 27 年版　厚生労働白書　人口減少社会を考える〜希望の実現と安心して暮らせる社会を目指して〜』，2015 年

内閣府『子供・若者白書　平成 28 年版』，2016 年

内閣府『平成 28 年版　少子化社会対策白書』，2016 年

# 第3章　児童家庭福祉の一分野としての保育

## 第1節　現代の子育てを取り巻く環境と保育問題

　誰しも豊かな生活を望まない人はいない．人は働き，家族を支え，次の世代につなげるために子育てをする．かつて，第一次産業が中心であった頃，職住がともにあり家族総出の営みをとおして，コミュニティ（共同体）を築いていった．そして時代とともに産業構造の変化は進み，第三次産業にみられる職業の細分化が人々の生活に大きな影響を与えた．家族形態は核家族化が進み，生活環境は都市の過密化と農村過疎による人口減少を招いた．そして近隣住民（社会）との関係も希薄化し，伝統的地域社会は崩壊したといわれる．

　現代社会は，このような生活環境の変化に子育ての社会化を必要とし，保育需要は一層高まった．

　一方，子どもの育ちに目を向けてみると，まず，子どもの健全な成長発達を保障する「遊びの三間（時間・空間・仲間）」の減少が挙げられる．子どもたちの居場所や仲間も十分でない現実があり，集団での不適応を示す子どもが多く見られるようになった．そして，それらは子ども同士のトラブルや事件，いじめ等へと発展し，子どもの安心・安全が失われつつある．また，その歪みで子どもへの適切な関わりができず，子ども虐待へと至るケースが増加の一途を辿っている．

　児童相談所の虐待相談対応件数は，2015（平成27）年度以降，10万件を超えるほどになり，2016（平成28）年度においては，122,578件となった．人とのつながりが希薄化する地域社会の中で，親子ともに地域で孤立し，子

育てに不安や困難をもっている家庭が多くいることも今日の子育て家庭の現実である.

　このような社会的背景に対応するため，子ども子育て支援制度が整備され，保育サービスの充実を図った．この制度では，従来の保育所・幼稚園に加え，認定こども園のさらなる普及を目指している．しかし，その一方で保育サービス提供の中核を担っている保育所は，全国的に都市部を中心に保育所不足，保育士不足による待機児童問題に直面し深刻化している.

　保育サービス提供の中核を担っている保育所では，複雑多様化する保育ニーズが山積しているのが現状である．たとえば，シングルマザーによる一人での子育て，一人の子育てからくる重圧，加えてワークライフバランスの不均衡が子育ての不安となり，子どもにそのはけ口が向けられ「虐待」として表面化するといったようなことである.

　このような状況を単に子育て問題として捉えるだけでなく，親を含めた家庭全体を支える児童家庭福祉問題として対応を要するという認識が保育者（士）には必要である.

## 第2節　児童家庭福祉を担う保育サービス

### 1. 保育所の現況と役割

　保育とは，児童家庭福祉制度の一分野であり，実践方法はケアワークの体系に属するが，「児童福祉法」第18条の4の規定では「児童の保育」と「保護者の保育に関する指導（以下，保育指導）」のことであり，後者は「保護者支援」としてのソーシャルワークの体系として捉えることができる.

　「児童福祉法」第2条には，「全て国民は，児童が良好な環境において生まれ，かつ，社会のあらゆる分野において，児童の年齢及び発達の程度に応じて，その意見が尊重され，その最善の利益が優先して考慮され，心身ともに健やかに育成されるよう努めなければならない．②児童の保護者は，児童を

心身ともに健やかに育成することについて第一義的責任を負う．③国及び地方公共団体は，児童の保護者とともに，児童を心身ともに健やかに育成する責任を負う.」とあり，子どもの健やかな育ちは保護者の育成責任を第一義としながらも，すべての国民の責務であることが示されている．その責務を果たすための中心的役割を担う保育所は，「児童福祉法」及び「社会福祉法」において，第 2 種社会福祉事業として規定された児童福祉施設であり「保育を必要とする乳児・幼児を日々保護者の下から通わせて保育を行うことを目的とする施設とする」（「児童福祉法」第 39 条）と定められている．

　「保育を必要とする児童」とは，「児童福祉法」第 24 条の規定に基づき，子ども子育て支援制度による保育の認定基準が設けられている．この認定基準は「事由」「区分」「優先利用」からなり，これら 3 つの認定基準において判断される．

　「事由」については，「子ども・子育て支援法施行規則」第 1 条に，①保護者の就労，②妊娠中，または出産直後，③保護者の疾病，負傷，障害，④同居または長期入院等している親族の常時介護，看護，⑤災害復旧活動，⑥求職活動，⑦就学，⑧虐待や DV のおそれがある，⑨育児休業取得時期に，既に保育を利用している子どもがいて継続利用が必要である，⑩その他，上記に類する状態が認められる場合の 10 項目が定められている．

　「区分」においては，保育の必要量と保育時間の区分が設けられ，保育所を利用するにあたり保育を必要とする満 3 歳以上の子どもを 2 号認定，満 3 歳未満の子どもを 3 号認定とし，さらには「保育標準時間認定（最長 11 時間）」と「保育短時間認定（最長 8 時間）」の 2 つに分けられる．また，1 号認定については認定こども園，幼稚園での教育を希望する満 3 歳以上の子どもで「教育標準時間認定（4 時間程度）」が適用される．

　「優先利用」については，優先利用の対象として考えられる項目が市町村によって異なり，地域の実情に合わせて設けられる．

　多様化する保育ニーズに的確に対応している保育所は，「保育所関連状況取りまとめ」（2016 年（平成 28 年）4 月 1 日現在）によると，保育所等の設置

数 30,859 か所（内，保育所等 26,237 か所，幼稚園型認定こども園等 743 か所，地域型保育事業 3,879 か所）で 2015（平成 27）年と比して 7.2％の設置増となっている．

　また，利用児童数については，全年齢児 2,458,607 人（保育所等の利用率 39.9％）であり，2015（平成 27）と比して 84,993 人（利用率 2.0％）の増となっている．

　待機児童数については，全国 23,553 人であり，2015（平成 27）年と比して 386 人の増であった．国はこのような保育所利用児童数の増加に対応するため，2013（平成 25）年に「待機児童解消加速化プラン」が出され，2015（平成 27）年度までの 3 か年において，約 31.4 万人の保育の受け入れ枠の確保を行ってきた．2017 年（平成 29 年）度までに約 40 万人の受け入れ枠を確保することを目指し，待機児童ゼロに向けた取組みを行っている．

　このように保育所を取り巻く現況を踏まえ，保育所の役割をみると，「保育所保育指針（2017（平成 29）年 3 月 31 日告示，2018（平成 30）年 4 月 1 日施行）」第 1 章総則①保育所保育に関す基本原則(1)保育所の役割において，次の 4 点が明確に示されている[1]．

　ア　保育所は，「児童福祉法」第 39 条の規定に基づき，保育を必要とする子どもの保育を行い，その健全な心身の発達を図ることを目的とする児童福祉施設であり，入所する子どもの最善の利益を考慮し，その福祉を積極的に増進することに最もふさわしい生活の場でなければならない．

　イ　保育所は，その目的を達成するために，保育に関する専門性を有する職員が，家庭との緊密な連携の下に，子どもの状況や発達過程を踏まえ，保育所における環境を通して，養護及び教育を一体的に行うことを特性としている．

　ウ　保育所は，入所する子どもを保育するとともに，家庭や地域の様々な社会資源との連携を図りながら，入所する子どもの保護者に対する支援及び地域の子育て家庭に対する支援等を行う役割を担うのである．

　エ　保育所における保育士は，「児童福祉法」第 18 条の 4 の規定を踏まえ，

保育所の役割及び機能が適切に発揮されるように，倫理観に裏付けられた専門的知識，技術及び判断を持って，子どもを保育するとともに，子どもの保護者に対する保育に関する指導を行うものであり，その職責を遂行するための専門性の向上に絶えず努めなければならない．

## 2. 子ども・子育て支援制度による保育サービス

2012（平成24）年8月，「子ども・子育て関連3法」が公布されて以来，2015（平成27）年より本格的に始動した子ども・子育て支援新制度は，子育て支援を必要とするすべての子どもをもつ家庭が対象となり，複雑化・多様化する保育問題に対応することを目指したものである．

この制度の大きな柱として，「子ども・子育て支援給付」「地域子ども・子育て支援事業」が挙げられる．

子ども子育て支援給付には，現金給付と教育・保育給付があり，前者については「児童手当法」に規定されている「児童手当」があてられる．教育・保育給付については，「子ども・子育て支援法」に基づく給付として，「施設型給付」と「地域型保育給付」に分けられる．施設型給付の対象となる施設には，認定こども園，幼稚園，保育所があり，地域型保育給付の対象となる事業には，小規模保育事業，家庭的保育事業，居宅訪問型保育事業，事業所内保育事業が挙げられる．

また，地域子ども・子育て支援事業として，①利用者支援事業，②地域子育て支援事業，③妊婦健康診査，④乳児家庭全戸訪問事業，⑤養育支援訪問事業等，⑥子育て短期支援事業，⑦子育て援助活動支援事業（ファミリー・サポート・センター事業），⑧一時預かり事業，⑨延長保育事業，⑩病児保育事業．⑪放課後児童健全育成事業，⑫実費徴収にかかる補足給付を行う事業，⑬多様な事業者の参入促進・能力活用事業の13事業を，地域の実情に応じて計画的に実施される．すべての子ども・子育て家庭を対象とした支援を質的にも量的にも充実させていくこととなった．

# 第3節　保育サービスの質向上に向けて

## 1. 専門職としての保育士

　保育は児童家庭福祉の一分野であり，子育てを取り巻く多様な問題に的確な対応ができるよう，法律や制度が整備されている．その制度を運用し，子どもや保護者を支援していく中心的担い手が保育士である．保育士は，児童の保育及び保護者への保育に関する指導を行う専門職として位置づけられており，これは子どもの保育（ケア）と保護者に対する保育に関する指導（ソーシャルワーク）の両方の支援方法を有し，保育現場における保育士のソーシャルワーク機能が期待されている．すなわち，「専門的知識及び技術をもって，児童の保育及び児童の保護者に対する保育に関する指導を行うこと」（「児童福祉法」第18条の4）であるとおり，その専門性は高く，社会的にもその責任は大きい．具体的には，保育士の主な業務として，子どもの成長発達に寄与するケアワークである保育である．このことは0歳から就学前の幼児を対象とした保育や小学生を対象とした放課後児童健全育成事業（放課後児童クラブ）までその職域は幅広い．

　そして，もう一方では「保護者に対する支援」としての「保育の指導」である．この指導とは一方的に教え導くという意味ではなく，保護者を受けとめ，信頼関係を築き，保護者一人ひとりの自己決定を尊重した支援をすることである．それは相談・助言によるソーシャルワークの機能を発揮することにある．

　この両者に対応する保育士は名称独占の国家資格であり，「保育士でない者は，保育士又はこれに紛らわしい名称を使用してはならない」（「児童福祉法」第18条の23）とされている．さらには義務規定として「信用失墜行為の禁止」「秘密保持義務」（「児童福祉法」第18条の21および22）があり，違反者には罰則規定が定められている．それ故，保護者，地域社会に対しても

社会的責任は重く，その責任を全うすることが期待されているのである．

## 2．これからの保育士に求められるもの

　今後，さらに深刻化・複雑化する保育ニーズに対応するために制度が充実したとしても，その保育サービスを提供するのは，保育者（士）である．その実践者たる保育者（士）が専門職としての価値を有し，高い使命感をもった実践でなければ，子どもの最善の利益を守ることはできない．

　保育士は，日常的な業務において子どものかかわりから，子育てにかかわる不安や悩みを抱えた保護者と向き合いながら日々，かかわっている．福祉的課題を有する対応には保育士一人では限界があり，他の専門職と連携を図った支援は欠かせない．

　前述した「保育所保育指針」においても，保育士は福祉専門職としての専門性をもち，倫理観に裏付けられた「専門的知識」，「専門的技術」とその状況における的確な「専門的判断」が求められる．また，全国保育士会の倫理綱領には保育者としての行動指針が示されており，実践の拠り所として，常に自分自身の実践を点検し，自己研鑽に努めなければならない．そのことは「児童福祉法」第48条の4に示されているとおりである．

　都市部を中心とする待機児童問題について，その解決の手立てには，保育士の確保が必要である．全国の待機児童数は2万人を超えるほどになっており，低年齢児になるほど，子どもに対する保育士の配置の割合も多くなる．

　そのため，国は保育人材の確保のため，2015（平成27）年1月より「保育士確保プラン」をたて，そのための方策を図ってきた．

　しかし，保育士の数を増やしても，保育の質の担保がなければ，多様化する保育ニーズに対応することは適わない．保育サービス供給の安定化には，安全・安心に配慮された環境の整備とそれを担う専門性を備えた実践力のある人材の確保が欠かせない．

注
1)「保育所保育指針」(平成29年厚生労働省告示117号)

**参考文献**

内閣府「子供・若者白書　平成29年度版」2017年

「平成27年度　児童相談所での児童虐待相談対応件数(速報値)」. http://www.
　mhlw.go.jp/stf/houdou/0000132381.html

「保育所等関連状況取りまとめ(平成28年4月1日)」. http://www.mhlw.go.jp/
　file/04-Houdouhappyou-11907000-Koyoukintoujidoukateikyoku-
　Hoikuka/0000098603_2.pdf, (アクセス日:2017年7月26日)

新 保育士養成講座編纂委員会編『新 保育士養成講座 第3巻 児童家庭福祉(改
　訂2版)』全国社会福祉協議会, 2015年

社会福祉士養成講座編集委員会編『新・社会福祉士養成講座15　児童や家庭に
　対する支援と児童・家庭福祉制度　第6版』中央法規, 2015年

公益財団法人児童育成協会監修, 新保幸男・小林理編集『児童家庭福祉』中央法
　規, 2016年

井村圭壮・今井慶宗編著『社会福祉の基本体系(第5版)』勁草書房, 2017年

橋本好市・直島正樹編著『保育実践に求められるソーシャルワーク—子どもと保
　護者のための相談援助・保育相談支援』ミネルヴァ書房, 2012年

内閣府「子ども・子育て支援新制度なるほどBOOK(平成28年4月改訂版)」.
　http://www8.cao.go.jp/shoushi/shinseido/event/publicity/pdf/naruhodo_
　book_2804/a4_print.pdf

# 第4章　児童の人権擁護と児童家庭福祉

## 第1節　児童の人権

### 1. 日本の法制度にみる児童の人権

　日本において児童の人権についての価値観が大きく変化したのは第二次世界大戦後のことである．戦後の混乱時期，児童のおかれた状況も困難を極めていた（1946年（昭和21）年，保護された浮浪児は11,200人余り，18歳未満の孤児123,500人，未成年の子どもをもつ女性180万人と推計された）[1]．そのような中，1946（昭和21）年「日本国憲法」が制定されるとともに，「日本国憲法」を根拠とし，1947（昭和22）年「児童福祉法」，1951（昭和26）年「児童憲章」が制定され，これまでの児童の価値観にかわる新たな価値が示されることとなった．その後，1994（平成6）年「児童の権利に関する条約」の批准により権利の主体としての児童観が加わった．このことにより，権利の主体である児童を保護するとともに，彼らの固有の権利が社会の責任の下に保障されることが示された．

　時代は移り変わり，児童にかかわる課題は複雑，多様化している．そのどれもが児童の人権にかかわる課題である．専門職は児童の人権に関連する法律等を理解し，実際の児童への支援にもその理念を反映させることがより一層求められている．

### （1）「日本国憲法」
　「日本国憲法」には国民の権利及び義務が謳われている．児童の人権にか

かわりが深い条文として,「基本的人権の享有（第11条）」,「個人の尊重（第13条）」,「国民の平等性（第14条）」,「生存権（第25条）」,「教育を受ける権利及び教育を受けさせる義務（第26条）」などが挙げられる.

特に「個人の尊重」では「すべて国民は,個人として尊重される.生命,自由及び幸福追求に対する国民の権利については,公共の福祉に反しない限り,立法その他の国政の上で,最大限の尊重を必要とする」と規定している.当然,この中には児童が含まれていることは言うまでもなく,専門職は児童の幸福の追求を支援することになる.

また,「生存権」では「すべて国民は,健康で文化的な最低限度の生活を営む権利を有する」ことが規定されている.これらの権利は人が生まれながらに持つ権利として位置づけられているとともに,福祉実践の根底であり,児童家庭福祉にかかわる制度や児童の人権の根拠となっている.


## (2) 「児童福祉法」

戦後間もなく制定された「児童福祉法」により,児童は心身ともに健やかに生まれ,育成される.またその生活は保障され,愛護されなければならず,国及び地方公共団体は保護者とともにその責任を負うことが規定された.この法律により,子どもの健やかな成長・発達と児童に対する社会の責任が明記され,新たな児童観が示された.

また,「児童福祉法」は2016（平成28）年に改正され,児童の人権がより一層,明確にされた.特に,第1条では「全て児童は,児童の権利に関する条約の精神にのっとり,適切に養育されること,その生活を保障されること,愛され,保護されること,その心身の健やかな成長及び発達並びにその自立が図られることその他の福祉を等しく保障される権利を有する」と規定され,児童の権利に関する条約が明文化された.

児童の福祉を保障する原理として位置づけられる「児童福祉法」は,児童にかかわる専門職の基本理念であるとともに,明文化された理念を実践において具現化することを求めている.

### (3)　「児童憲章」

「児童憲章」は 1951（昭和 26）年 5 月 5 日に制定された．「児童福祉法」において明確にされた，国や保護者の責任，社会が一体となって子どもたちを育てるという理想が実現することを願って制定された．

「児童憲章」の前文では「児童は，人として尊ばれる」「児童は，社会の一員として重んぜられる」「児童は，よい環境のなかで育てられる」と規定し，児童の人権の擁護と成長・発達の保障についてその目指すべき目標が示されている．その内容は，「保障される」「与えられる」「みちびかれる」ということばからも理解でるように子どもの「受動的権利」について規定しているが，児童の人権擁護の中心的課題である発達保障の具体的な内容が示されていることに価値がある．

## 2.　児童の権利に関する条約

「児童の権利に関する条約（以下，条約）」は，1989（平成元）年に国連総会において採択された条約である．前文に示されているとおり，すべての者は差別を受けないこと，すべての権利及び自由を有すること，子ども時代は特別のケア及び援助を受ける資格があるという 1948（昭和 23）年の「世界人権宣言」及び 1966（昭和 41）年の「国際人権規約」がこの条約の基礎にある．

日本は 1994（平成 6）年に条約を批准した．この条約の特徴は，これまでの受動的権利（保護される権利）だけではなく，児童の能動的権利（参加する権利）について規定されたことにある．条約は人権としての権利に関する「一般原則」と子どもに特有の固有の権利としての「生命への権利，生存・発達の確保」「保健と福祉」「市民権と自由」「家庭環境と代替ケア」「教育と文化活動」「特別保護措置」に大別される．特に「一般原則」には「差別の禁止（第 2 条）」「子どもの最善の利益（第 3 条）」「意見表明権（第 12 条）」が規定され，この条約の主幹をなしている．

## (1)　差別の禁止（第2条）

第2条には「人種，皮膚の色，性，言語，宗教，政治的意見その他の意見，社会的出身，財産，障害，出生，地位にかかわらずいかなる種類の差別もなしに，この条約に掲げる権利を尊重し確保する」と差別の禁止が謳われている．差別の禁止はこの条約の土台となる理念であり，すべての条文は平等のもとに成り立つとともに，平等を保つための規定となっている．

## (2)　子どもの最善の利益（第3条）

条約は子どもの最善の利益について「子どもにかかわるすべての活動において，その活動が公的もしくは私的な社会福祉機関，裁判所，行政機関または立法機関によってなされたかどうかにかかわらず，子どもの最善の利益が第一次的に考慮される」とし，いかなる子どもへの活動や支援についても子どもの最善の利益が最優先されるべきであることを示している．あわせて，第18条では「親の第一次的責任と国の援助」について規定し，子どもの最善の利益が保護者の基本的関心となること，国には保護者が子どもの養育，発達に責任を有していることを承認するための援助と保育サービスを確保するための措置をとることを求めている．

　子どもの最善の利益については，子どもに特有の固有の権利において「生存・発達」「親・家族・国との関係」「特別な状況におかれた子どもへの支援」「子どもに対する特別な保護」を規定し，最善の利益の実現と確保に向けた締約国の努力を促している．

## (3)　意見表明権（第12条）

条約の最大の特徴は子どもの能動的権利について規定していることである．能動的権利をもつ子どもは権利の主体者であるとともに，権利を行使することができる存在である．その子どもの能動的権利の代表的なものとして「意見表明権」が挙げられる．

　第12条では「自己の見解をまとめる力のある子どもに対して，その子ど

もに影響を与えるすべての事柄について自由に自己の見解を表明する権利を保障する．その際，子どもの見解が，その年齢および成熟に従い，正当に重視される」と規定されている．子どもはその発達段階に応じて相応の意見を持ち，表現する能力を有していること．また，その能力を発揮するための機会を設けるよう社会に求めている．

　ここに示される子どもの能動的権利の背景には，子どもの特有で固有の能力に対する尊厳と価値，更には子ども一人ひとりがもつ優れた能力への畏敬がある．それは，既存の方法や専門職の価値に子どもを応じさせることで子どもの能力を判断するのではなく，個々の能力に応じた支援を実施し，子ども自身が能力を発揮できるよう支援するという方法で実践されるべきである．子どもにかかわる専門職は彼らのもつ能力を信じ，引き出すためのかかわりを模索することが求められる．

## 第2節　児童の人権擁護の取り組み

### 1．児童への人権侵害の現状と課題

　児童への人権侵害の最たるものが児童虐待である．2000（平成12）年に「児童虐待の防止等に関する法律」（以下，児童虐待防止法）が制定されて以降，児童虐待に対する社会の関心の高まりも相まって児童相談所における児童虐待相談対応件数は年々増加している．また，児童虐待により子どもの尊い命が奪われる事例も報告されている．（第12次報告（2014（平成26）年4月～2015（平成27）年3月）では件数64件，死亡人数71人となっている）[2]．

　さらに，本来，子どもの人権を最優先に考え，発達の保障など児童の最善の利益を実践すべき社会的養護の実践現場においても職員による被措置児童等虐待が起きている．西郷泰之らの報告によると児童養護施設の入所児童の59.5％，児童心理治療施設の入所児童の71.2％の子どもが被虐待体験ありと回答している[3]．

　本来，健やかな成長と発達が保障されるとともに，愛され護られるべき家庭や社会的養護の施設において児童虐待等が起き，子どもたちの人権が侵されている現状を専門職は認識し，人権擁護のための活動を実践していくことが求められる．

　その他にも現代社会においては「いじめ」「子どもの貧困」「非行」など子どもを取り巻く課題は複雑・多様化している現状がある．これらの課題は，特定の子どもたちの課題ではなく，すべての子どもたちが課題を抱える可能性をもっていることを忘れてはならない．

　また，児童の権利に関する条約を批准した締約国は，施策状況を監視する「国連子どもの権利委員会」（以下，委員会）に定期的に施策状況を報告することが求められている．これまで日本が報告した内容について委員会からは勧告・提案がなされている．それについて吉田は2010（平成22）年委員会見解をもとに日本は，「①児童の権利擁護のための仕組みが不十分であること，②体罰について民法や児童虐待防止法が許容していること，③子どもの施設入所に対する課題，④非暴力的形態でしつけをするよう広報プログラムをするべき」[4]との指摘を委員会より受けていると記している．

　これらの課題は，児童に関係する機関や施設，専門職がそれぞれ単独でかかわるだけでは解決できない．なぜならば，課題をかかえる子どもや家庭が1つの課題に直面しているだけではなく，複数の課題をかかえている場合があるからである．また，社会全体の課題として捉えるべき事項を含んでいるからである．

　保育士をはじめとする専門職は常に関係諸機関，施設，専門職が一体となって対応することの重要性を認識し，地域社会との連携を図り，児童への人権侵害について理解する必要がある．

## 2. 児童の人権擁護の実際

### (1) 法制度による人権擁護

国による人権擁護の具体的施策は法制度にみることができる．特に人権擁

護にかかわる法制度として「児童福祉法」,「少年法」(1948 (昭和 23) 年),「児童買春,児童ポルノに係る行為等の規則及び処罰並びに児童の保護等に関する法律」(1999 (平成 11) 年),「児童虐待防止法」,「いじめ防止対策推進法」(2013 (平成 25) 年) などが挙げられる. 特に,「児童福祉法」においては児童の権利に関する条約の精神が盛り込まれているほか, 被措置児童等に対する虐待の禁止 (第 33 条の 11), 虐待にかかる通告等 (第 33 条の 12) が規定さている.

　また,「社会福祉法」(2000 (平成 12) 年) には「社会福祉事業の経営者による苦情の解決」(第 82 条) が定められており, 社会福祉事業の経営者は利用者等からの苦情の適切な解決に努めることとされた. さらに, 都道府県社会福祉協議会に運営適正化委員会を置き, 福祉サービス利用援助事業の適正な運営を確保するとともに, 利用者等からの苦情を適切に解決することが定められている (第 83 条).

　このように, 児童の権利擁護に関係する法制度の整備が進んでいるところではあるが, 前述してきたように児童を取り巻く環境は複雑・多様化しており, 一般的な原則や共通的事項を取りまとめた法制度のみでは解決に至らず, 専門職による利用者に応じたかかわりが必要不可欠となる.

## (2)　児童の人権擁護の具体的取り組み

　人権に関係する取り組みは各省庁でも実施されているが, その中心的省庁である法務省では児童の人権擁護の具体的活動として「子どもの人権 110 番」「子どもの人権 SOS ミニレター」「インターネット人権相談窓口」を開設し, 対応にあたっている. また, 厚生労働省は児童虐待防止推進月間 (毎年 11 月) を設け, 児童虐待防止に関連する取り組みを実施している.

　児童養護施設等の入所施設では, 入所の際の支援 (アドミッション・ケア (admission care)) の一環として「子どもの権利ノート」を利用し, 児童の権利等について児童の能力に応じた説明が行われている. 特に,「児童の権利に関する条約」についてわかりやすく説明されており, 子ども自身が自らの

人権について理解できるよう工夫されている．この他にも，各社会福祉事業所は苦情解決のための仕組みをつくり，児童やその家族に周知している．

　児童の人権擁護には法制度の整備も必要不可欠であるが，それらを，児童が利用するための具体的な支援が必要となる．この両輪をつなぎ，児童の人権擁護を実践していくことが専門職に求められる役割だといえる．いずれにしても，児童にかかわる専門職は単に児童の成長・発達を促進することだけを支援の目標とするのではなく，彼らが自らの人権について理解を深め，人権侵害を受けていないか，また助けを求める仕組みはつくられているかなど常に児童の立場に立って支援を実施していく必要がある．

　このことの積み重ねがが，子どもたち一人ひとりの尊厳につながり，児童自らがよりよく生きるための力の根源となることを専門職は理解し，真摯に児童の人権擁護にあたるべきである．

注
1）植山つる・浦辺史・岡田正章編著『戦後保育所の歴史』全国社会福祉協議会，1981 年，p. 18
2）一般社団法人全国保育士養成協議会監修，西郷泰之・宮島清編『ひと目でわかる基本保育データブック 2017』中央法規出版，2016 年，p. 64
3）前掲 2），p. 65
4）吉田眞理『生活事例からはじめる児童家庭福祉（改訂 2 版）』青踏社，2011 年，p. 43

参考文献
大阪ボランティア協会編『福祉小六法 2017』中央法規出版，2016 年
国際ソーシャルワーカー連盟編著，日本社会福祉士会国際委員会訳『ソーシャルワークと子どもの権利──「国連子どもの権利条約」研修マニュアル』筒井書房，2004 年
新 保育士養成講座編纂委員会編『児童家庭福祉（改訂 2 版）』全国社会福祉協議会，2016 年
松本園子・堀口美智子著『子どもと家庭の福祉を学ぶ』ななみ書房，2013 年

# 第5章　児童家庭福祉の法律と行財政

## 第1節　児童家庭福祉の法律

### 1. 児童福祉法

　本法は，総則（第1章），福祉の保障（第2章），「事業，養育里親及び施設」（第3章），費用（第4章），「国民健康保険団体連合会の児童福祉法関係業務」（第5章），審査請求（第6章），雑則（第7章），罰則（第8章）の8章からなる.

　第1条では，「全て児童は，児童の権利に関する条約の精神にのっとり，適切に養育されること，その生活を保障されること，愛され，保護されること，その心身の健やかな成長及び発達並びにその自立が図られることその他の福祉を等しく保障される権利を有する」と定める.

　第2条では，第1項で「全て国民は，児童が良好な環境において生まれ，かつ，社会のあらゆる分野において，児童の年齢及び発達の程度に応じて，その意見が尊重され，その最善の利益が優先して考慮され，心身ともに健やかに育成されるよう努めなければならない」，第2項で「児童の保護者は，児童を心身ともに健やかに育成することについて第一義的責任を負う」，第3項で「国及び地方公共団体は，児童の保護者とともに，児童を心身ともに健やかに育成する責任を負う」とそれぞれ定めている.

　第3条では，第1条・第2条に規定することが，児童の福祉を保障するための原理ですべて児童に関する法令の施行にあたって常に尊重されなければならないとし，この法律が児童福祉に関する基本法であることを明らかにし

ている.

　この法律では,満18歳に満たない者を児童と定義している（第4条第1項）.

## 2. 児童福祉施設の設備及び運営に関する基準

　本基準は,各施設の運営について規定している.第1条第2項は設備運営基準が規定されている.都道府県知事の監督に属する児童福祉施設に入所している者が,明るくて,衛生的な環境において,素養があり,かつ,適切な訓練を受けた職員（略）の指導により,心身ともに健やかにして,社会に適応するように育成されることを保障するものである.

## 3. 児童虐待の防止等に関する法律（児童虐待防止法）

　本法は,「児童虐待が児童の人権を著しく侵害し,その心身の成長及び人格の形成に重大な影響を与えるとともに,我が国における将来の世代の育成にも懸念を及ぼすことにかんがみ,児童に対する虐待の禁止,児童虐待の予防及び早期発見その他の児童虐待の防止に関する国及び地方公共団体の責務,児童虐待を受けた児童の保護及び自立の支援のための措置等を定めることにより,児童虐待の防止等に関する施策を促進し,もって児童の権利利益の擁護に資すること」を目的としている（第1条）.

## 4. 母子保健法

　本法は「母性並びに乳児及び幼児の健康の保持及び増進を図るため,母子保健に関する原理を明らかにするとともに,母性並びに乳児及び幼児に対する保健指導,健康診査,医療その他の措置を講じ,もつて国民保健の向上に寄与すること」を目的としている（第1条）.

　第11条は新生児の訪問指導を定めている.これは市町村長は,新生児であって,育児上必要があると認めるときは,医師・保健師・助産師またはその他の職員をして当該新生児の保護者を訪問させ,必要な指導を行わせることとしている.また,第12条は健康診査を定める.第1項で,市町村は,

厚生労働省令の定めるところにより，健康診査を行わなければならないとし，いわゆる1歳6か月健診（第1号）・3歳児健診（第2号）を規定している．

## 5.　社会福祉法

本法は，社会福祉を目的とする事業の全分野における共通的基本事項を定め，社会福祉を目的とする他の法律と相まって，福祉サービスの利用者の利益の保護及び地域における社会福祉の推進を図るとともに，社会福祉事業の公明かつ適正な実施の確保及び社会福祉を目的とする事業の健全な発達を図り，もって社会福祉の増進に資することを目的としている（第1条）．

児童福祉についても，社会福祉事業の定義（第2条），福祉事務所（第14条以下），社会福祉主事（第18条以下），社会福祉法人（第22条以下）など多くの規定がかかわる．

## 6.　その他の法令

上記のほか，「児童手当法」「児童扶養手当法」「子ども・子育て支援法」など児童に関する多くの法令がある．

# 第2節　児童家庭福祉の行政

## 1.　国

### （1）　厚生労働省

児童家庭福祉に関する国の行政機関は厚生労働省である．厚生労働省の主な役割は保育や社会的養護に関しての制度・施策の企画，立案，予算配分，都道府県及び児童福祉施設の指導監督などである．省内には11の局が存在するが，このうち児童家庭福祉の業務を担当するのはこれまで雇用均等・児童家庭局であった．同局では，雇用における男女の機会均等の確保のほか，児童の心身発達，保育，養護，虐待防止などに関することを行っていた．な

お，2017（平成29）年7月より，「子ども家庭局」が設置され，子どもの保育や児童虐待防止，母子・父子・寡婦福祉などの業務を所管することになった．

### （2）内閣府

2012（平成24）年に「子ども・子育て関連3法」が制定されたことに伴い，2015（平成27）年，内閣府に「子ども・子育て本部」が設置された．「子ども・子育て本部」の主な役割は，厚生労働省や文部科学省などの関係省庁と連携を図り，子ども・子育て支援のための基本的な政策・少子化の進展への対処に係る企画立案・総合調整，「子ども・子育て支援法」に基づく事務，「認定こども園法」に基づく事務を行うことである．

### （3）審議会

厚生労働省には厚生労働大臣の諮問機関として，各種審議会がおかれている．児童家庭福祉分野については社会保障審議会が設置され，大臣の諮問に応えるとともに，関係行政庁に対して意見具申を行っている．

## 2. 都道府県・政令指定都市

都道府県・政令指定都市には，児童福祉関係の部局，また専門相談機関として児童相談所が設置されている．

都道府県の役割としては，市町村に対する支援及び連絡調整，児童福祉施設の設置認可や指導監督などが挙げられる．また，児童相談所は養護相談・保健相談・障がい相談・非行相談・育成相談を受けており，児童福祉司や児童心理司をはじめとする専門職が対応にあたっている．近年，虐待の増加に伴い，児童相談所の業務が著しく増加したことから，2004（平成16）年「児童福祉法」が改正され，様々な児童相談のうち，比較的軽微なものについては市町村が対応することになった．そのため，児童相談所は虐待など緊急かつ高度な対応を必要とするケースを主に扱うようになっている．

　さらに，都道府県・政令指定都市には児童福祉審議会が設置されており，児童家庭福祉に関する内容について審議し，関係機関に意見具申を行っている．

## 3．市町村

　市町村の主な役割は①児童及び妊産婦の福祉に関し，必要な実情の把握に努めること，②児童及び妊産婦の福祉に関し，必要な情報の提供を行うこと，③児童及び妊産婦の福祉に関し，家庭その他からの相談に応ずること並びに必要な調査及び指導を行うこと並びにこれらに付随する業務を行うこと，④児童及び妊産婦の福祉に関し，家庭その他につき，必要な支援を行うこと，である．市町村のうち，福祉事務所を設置している自治体では家庭児童相談室，また福祉事務所を設置していない自治体では，児童福祉課，子育て支援課などの窓口が対応することになっている．

## 第 3 節　　児童家庭福祉の財政

## 1．児童家庭福祉の財源

　児童家庭福祉施策を実施していくために必要な財源は主に公費負担で賄われている．これは「児童福祉法」に，「国及び地方公共団体は，児童の保護者とともに，児童を心身ともに健やかに育成する責任を負う」とあるように，児童育成についての公的責任が明確にされているからである．児童家庭福祉の主な財源としては，「地方交付税交付金」と「国庫補助金」が挙げられる．「地方交付税交付金」とは，国が国税として一旦徴収した税金を地方公共団体に対し，配分するものである．これは地方公共団体間に発生する財源の格差を是正する目的で行われている．地方交付税交付金は一般財源として使用されるため，その使途は定められていない．児童福祉関係では，児童相談所や公立保育所の運営費等が該当する．一方，「国庫補助金」とは，地方公共

団体に対し特定の事業をすることを，助成・奨励する目的で行われている．
したがって，国庫補助金はその特定の事業以外に使用することは認められない．児童家庭福祉関係では児童保護措置費等が該当する．

　この他にも，利用者本人やその扶養義務者からの費用徴収も財源として活用されている．この費用徴収は利用者本人またはその扶養義務者の支払い能力に応じて徴収する応能負担の仕組みとなっている．

## 2. 施設整備関係の費用

### (1) 社会福祉施設整備補助金

　障害児入所施設や児童発達支援センターなど障がい児に関する施設や事業所を設置する場合には，社会福祉施設整備補助金による補助を受けることが可能である．これらの施設を社会福祉法人が設置する場合，その整備費のうち，国が1/2，都道府県（指定都市・中核市含む）が1/4を負担することになっている．

### (2) 保育所等整備交付金

　保育所等の整備にあたっては，保育所等整備交付金を活用することができる．この制度は待機児童の解消を目的に2015（平成27）年度より創設された制度である．

### (3) 次世代育成支援対策施設整備交付金

　2005（平成17）年度より次世代育成支援対策施設整備交付金が創設された．これは2005（平成17）年に成立した「次世代育成支援対策推進法」に基づき，自治体が策定した地域行動計画に従い，地域の実情に応じた児童福祉施設等の施設整備を支援することを目的に実施されている．

### (4) その他

　児童福祉施設を社会福祉法人が設置する場合の自己負担金については独立

表 5−1　児童入所施設措置費等の負担区分

| 経費の種別 | 措置等主体の区分 | 児童等の入所先等の区分 | 措置費等の負担区分 | | |
|---|---|---|---|---|---|
| | | | 市町村 | 都道府県 | 国 |
| 母子生活支援施設及び助産施設の措置費等 | 市及び福祉事務所を管理する町村 | 市町村立施設及び私立施設 | 1/4 | 1/4 | 1/2 |
| | | 都道府県立施設 | | 1/2 | 1/2 |
| | 都道府県，指定都市，中核市 | 都道府県立施設，市町村立施設及び私立施設 | | 1/2 | 1/2 |
| その他の施設，里親の措置費等 | 都道府県，指定都市，児童相談所設置市 | 都道府県立施設，市町村立施設及び私立施設 | | 1/2 | 1/2 |
| 一時保護所の措置費等 | 都道府県，指定都市，児童相談所設置市 | 児童相談所（一時保護施設） | | 1/2 | 1/2 |
| 保育の措置費 | 市町村（指定都市，中核市含む） | 特定教育・保育施設及び特定地域型保育事業所 | 1/4 | 1/4 | 1/2 |

出所）「児童福祉法による児童入所施設措置費等国庫負担金について」平成 28 年 1 月 20 日厚生労働省発雇児 0120 第 6 号

行政法人福祉医療機構からの融資を受けることができる.

## 3.　施設の運営費用

### (1)　児童保護措置費

　児童保護措置費とは，行政機関が児童福祉施設（乳児院，児童養護施設，児童心理治療施設など）への入所措置や里親委託，保育の措置などを決定した場合に，施設等に支払われるものである. 児童保護措置費は大きく事務費と事業費に分けられる. 事務費は施設職員の給与など人件費と施設の維持管理に要する管理費で構成されている. 事業費は児童の日常生活費や飲食費，教育費など直接処遇に要する費用である. 措置費は「児童福祉法」にもとづきその負担区分が決定されている（表 5−1）.

## (2)　施設型給付及び地域型保育給付

　2015（平成 27）年度より開始した「子ども・子育て支援新制度」では，「施設型給付」及び「地域型保育給付」を創設し，市町村の確認を受けた施設・事業に対して，財政支援を行っている．「施設型給付」は認定こども園，幼稚園，保育所を対象に行われるものである．私立施設に対しては国 1/2，都道府県と市町村が 1/4 ずつ負担している．公立施設については市町村が全額負担している．また，「地域型保育給付」は新たに市町村の認可事業となった「小規模保育」「家庭的保育」「居宅訪問型保育」「事業所内保育」を対象に行われるものである．これらの給付にかかる費用負担は国 1/2，都道府県と市町村が 1/4 ずつとなっている．

## (3)　子ども・子育て支援交付金

　子ども・子育て支援交付金は地域子ども・子育て支援事業の実施にかかる費用で，国，都道府県，市町村が 1/3 ずつ負担することになっている．地域子ども・子育て支援事業とは，一時預かりや乳児家庭全戸訪問，延長保育，病児保育，妊婦健診など地域の実情に応じた子育て支援を行うものである．

**参考文献**
遠藤和佳子編著『はじめての子ども家庭福祉』ミネルヴァ書房，2017 年
伊藤嘉余子・澁谷昌史編著『子ども家庭福祉』ミネルヴァ書房，2017 年
比嘉眞人監修『輝く子どもたち　子ども家庭福祉』みらい，2017 年

# 第6章　児童家庭福祉の実施機関・施設と専門職

## 第1節　児童家庭福祉の実施機関

### 1. 児童相談所

　児童相談所は，児童福祉の第一線の行政機関である．各都道府県，指定都市に義務設置されている．2017（平成29）年4月現在，全国に207か所設置されている．

　主な業務は，①児童や妊産婦の福祉に関する必要な実情の把握，情報提供，相談，指導等，②家庭等からの専門的な知識や技術を必要とする相談業務，③児童の一時保護等を行うとともに，施設入所や里親委託等の措置権の行使等である．

　主な相談内容は，以下のとおりである．

①障がい相談　知的障がい・肢体不自由，重症心身障がい，視覚障がい，聴覚障がい，言語発達障がい，自閉症などの障がいのある子どもに関する相談

②育成相談　育児・しつけ，性格行動，適性，不登校などの子どもの育成上のいろいろな問題に関する相談

③養護相談　保護者の家出，失踪，死亡，離婚，入院等による養育困難児，棄児，迷子，虐待を受けた子ども，親権を喪失した親の子，後見人をもたない児童など環境的問題をもつ子ども，養子縁組に関する相談

④非行相談　虚言癖，家出，乱暴，性的逸脱等のぐ犯行為，飲酒，喫煙等の問題行動のある子ども，触法行為があった子どもに関する相談

また，児童相談所に付設されている一時保護所では，年間2万人以上の子どもを一時保護している．その約8割以上は，養護上の問題を抱える子どもであり，近年では虐待ケースが増加している．

## 2. 福祉事務所

　福祉事務所は，「社会福祉法」14条に規定されている．「生活保護法」，「児童福祉法」，「母子及び父子並びに寡婦福祉法」，「老人福祉法」，「身体障害者福祉法」，「知的障害者福祉法」の福祉六法に定める援護，育成，更生の措置に関する事務をつかさどる第一線の現業機関である．都道府県と市（特別区含む）は，設置は義務であり，町村は任意設置である．2017（平成29）年4月現在，全国で1247か所設置されている．

　また，家庭に対する相談指導の充実のために福祉事務所内に家庭児童相談室が設置されている．

　児童福祉法が規定する福祉事務所の業務は，①児童や妊産婦の福祉に関して必要な実情把握や情報提供及び相談・調査・指導を行う，②助産施設・母子生活支援施設・保育所への入所事務，③要保護児童の通告先としての機能，④要保護児童の児童相談所への送致などである．

## 3. 保健所

　保健所は，「地域保健法」第5条に基づいて設置されている行政機関である．2017（平成29）年現在，全国で510か所で設置されている．

　主に，疾病の予防，健康増進，環境衛生等，公衆衛生活動であり，地域住民の生活と健康に関する業務を行っている．「児童福祉法」が規定する保健所の業務は，①児童の保健に関する衛生知識の普及，②児童の健康相談，健康診査，保健指導の実施，③児童の療育指導，④児童福祉施設に対する助言である．

# 第 2 節　児童家庭福祉施設

## 1. 児童福祉施設の種類

　児童福祉法では，①助産施設（第 36 条），②乳児院（第 37 条），③母子生活支援施設（第 38 条），④保育所（第 39 条），⑤幼保連携型認定こども園（第 39 条の 2），⑥児童厚生施設（第 40 条），⑦児童養護施設（第 41 条），⑧障害児入所施設（第 42 条），⑨児童発達支援センター（第 43 条），⑩児童心理治療施設（第 43 条の 2），⑪児童自立支援施設（44 条），⑫児童家庭支援センター（第 44 条の 2）の施設が規定されている．以下，主な児童福祉施設を紹介する．

## 2. 乳児院

　乳児院は，保護を要する乳児（1 歳未満）を入院させて，養育することを目的としている．

　児童に疾病や障がいがあり，乳児院において処遇することが適当であると判断された場合など，保健上その他の理由により特に必要な場合は幼児も対象となる．また，退所した者についても相談その他の援助を行うことが施設の業務として追加されている．

　全国 134 か所，約 3,000 人の乳幼児が保育されている．

## 3. 保育所

　保育所は，保育を必要とする乳児・幼児を日々保護者の下から通わせて保育を行うことを目的とする施設である．（「児童福祉法」第 39 条第 1 項）特に必要のあるときは，「その他の児童」を日々保護者の下から通わせて保育することも可能である．（同条第 2 項）

　入所要件は，「子ども・子育て支援法施行規則」第 1 条に定められている．

全国で約 22,000 か所，約 210 万人の乳幼児が保育されている．

## 4. 児童養護施設

　児童養護施設は，保護者のない児童（安定した生活環境の確保その他の理由により特に必要のある場合には，幼児を含む），虐待されている児童，その他の環境上の養護を要する児童を入所させてこれを養護し，あわせて退所した者に対する相談その他の自立のための援助を行うことを目的とする施設である．

　入所理由としては，父母の虐待・酷使や放任・怠惰が多い．虐待などの家庭環境上の理由で入所する子どもが増えているが，大人数の処遇では限界があるため，家庭的な環境に近い小規模グループケア（小規模グループケアの中に施設内で行うものと施設外でのグループホームがある）や地域小規模児童養護施設の整備が求められている．

　全国で 594 か所，約 27,000 人の子どもが生活している．

## 5. 障害児入所施設

　「児童福祉法」第 7 条第 2 項において，「この法律で，障害児入所支援とは，障害児入所施設に入所し，又は指定発達支援医療機関に入院する障害児に対して行われる保護，日常生活の指導及び知識技能の付与並びに障害児入所施設に入所し，または指定発達支援医療機関に入院する障害児のうち知的障害のある児童，肢体不自由のある児童又は重度の知的障害及び重度の肢体不自由が重複している児童（以下「重症心身障害児」という．）に対し行われる治療をいう」とされている．

　また，障害児入所施設は次の区分に応じ，それぞれに定める支援を提供することを目的とする施設とされている．
①福祉型障害児入所施設
　保護，日常生活の指導及び独立自活に必要な知識技能の付与
②医療型障害児入所施設
　保護，日常生活の指導，独立自活に必要な知識技能の付与及び治療

全国では，福祉型と医療型合計で 427 か所，約 16,000 人の子どもが生活している．

## 6.　児童自立支援施設

児童自立支援施設は，不良行為をしたり，するおそれのある児童や家庭環境その他の環境上の理由により生活指導等を要する児童を入所させ，あるいは保護者の下から通わせて，個々の児童の状況に応じて必要な指導を行い，その自立を支援し，併せて退所した者について相談その他の援助を行うことを目的とする施設である．

退所した者について，相談その他の援助を行うことも施設の業務として明確にされている．

全国で 58 か所，約 1,400 人の子どもが生活している．

## 第 3 節　児童家庭福祉の専門職

## 1.　職員の要件

児童福祉施設職員の配置基準や資格要件は，「児童福祉施設の設備及び運営に関する基準」に定められている．

職員の一般的要件は，「児童福祉施設に入所している者の保護に従事する職員は，健全な心身を有し，豊かな人間性と倫理観を備え，児童福祉事業に熱意のある者であって，できる限り児童福祉事業の理論及び実際について訓練を受けた者でなければならない」（第 7 条）とされている．

## 2.　保育士

保育所を中心とした児童福祉施設の乳幼児や児童の保育が業務である．資格取得要件は，①都道府県知事の指定を受けた保育士養成学校や保育士養成所を卒業すること，②都道府県知事の実施する保育士試験に合格すること

なっている.

　保育士の具体的業務は，乳児の保育，児童の生活指導，学習指導，障がい児の養育訓練のほか地域の家庭からの相談などの対応も含まれる.

## 3. 児童指導員

　児童指導員の職務は，児童養護施設，障害児入所施設，児童発達支援センターなどにおいて，児童の生活指導や学習指導，ケースワーク，グループワーク，家庭や地域の問題調整，就労指導などの自立支援など多様である.

　児童指導員の資格要件は，都道府県知事の指定する養成施設などを卒業した者，大学で社会福祉学，心理学，教育学，社会学を専修する学科または課程を修めて卒業した者など10の種類がある.

## 4. 児童自立支援専門員・児童生活支援員

　職務は，児童自立支援施設での子どもたちへの自立支援を行うことである.児童自立支援専門員の資格要件は，社会福祉士となる資格を有する者，保育士の資格を有する者など8つの種類がある.

## 5. 母子支援員，少年を指導する職員

　母子支援員は，母子生活支援施設において，母親に対しての①就労支援，②日常生活の育児と家事の相談，③親族との関係改善のための精神的支援，④法的手続きや関係機構との調整が業務である.

　また，少年を指導する職員は，①子どもの日常生活の支援，②学習や生活環境を身につけられるような行事の立案，③人間関係がうまく保てるような支援が業務である.

## 6. 児童福祉司

　児童相談所の児童福祉司は，児童相談所長の命を受けて，児童の保護，その他の児童の福祉に関する事項について相談に応じ，専門的技術に基づいて

必要な指導を行うなど児童の福祉の増進につとめることが業務である．

　児童福祉司についての資格要件として，①社会福祉主事として2年以上児童福祉事業に従事した者，②社会福祉士などの6つの種類が定められている．

　児童相談所には，ケースワーカーである児童福祉司のほか，精神科を専門とする医師（嘱託医），保健師，小児科専門の医師（嘱託医）などの専門職が配置されている．

**参考文献**

厚生労働統計協会編『国民の福祉と介護の動向2016/2017』厚生労働統計協会，2016年

社会福祉の動向編集委員会編『社会福祉の動向2017』中央法規，2017年

# 第7章　少子化と子育て支援サービス

## 第1節　少子化と子育て支援サービスとは

### 1. 少子化の進行

　戦後の日本の年間の出生数は，第一次ベビーブーム期には約270万人，第二次ベビーブーム期には約200万人，1984（昭和59）年には150万人になり，1991（平成3）年以降は増減を繰り返しながら，緩やかな減少傾向となっている．合計特殊出生率では，第一次ベビーブーム期には4.3を超えていたが，1950（昭和25）年以降急激に低下し，第二次ベビーブーム期では，ほぼ2.1で推移していた．しかし，1975（昭和50）年に2.0を下回ってから再び低下傾向となり，1989（平成元）年にはそれまで最低であった1966（昭和41）年（丙午：ひのえうま）の数値を下回る1.57となった（「1.57ショック」と呼ばれる）．「1.57ショック」を契機に出生率の低下と子どもの数が減少傾向にあることが問題として認識されるようになった．

　その後，2005（平成17）年には過去最低である1.26までさらに落ち込んだ．近年は緩やかに上昇し，2015（平成27）年は1.46となっている．合計特殊出生率が2.08（人口置換水準）を下回ると，親世代より子世代の人口が少なくなり，総人口は減少することとなる．そのため，少子化がさらに進行していくことが予測される．

### 2. 子育て支援政策の流れ

　少子化対策のため，様々な政策がされてきた．その中で，主だった政策に

## 図 7−1　子育て支援政策の流れ

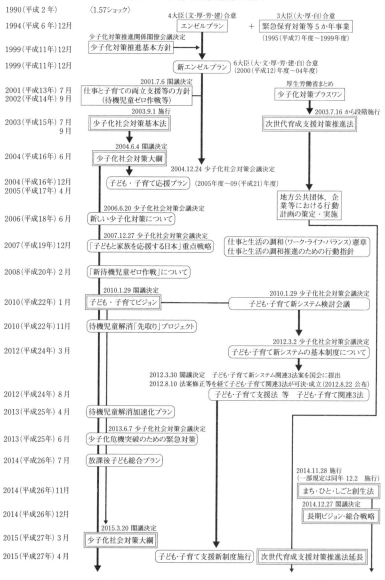

| | |
|---|---|
| 1990（平成 2 年） | 〈1.57ショック〉 |
| 1994（平成 6 年）12月 | 4大臣（文・厚・労・建）合意　エンゼルプラン　＋　3大臣（大・厚・自）合意　緊急保育対策等 5 か年事業（1995（平成7）年度〜1999（平成11）年度） |
| 1999（平成11年）12月 | 少子化対策推進関係閣僚会議決定　少子化対策推進基本方針 |
| 1999（平成11年）12月 | 新エンゼルプラン　6大臣（大・文・厚・労・建・自）合意（2000（平成12）年度〜04年度） |
| 2001（平成13年） 7 月 2002（平成14年） 9 月 | 2001.7.6 閣議決定　仕事と子育ての両立支援等の方針（待機児童ゼロ作戦等）　厚生労働省まとめ　少子化対策プラスワン |
| 2003（平成15年） 7 月　9 月 | 2003.9.1 施行　少子化社会対策基本法　2003.7.16 から段階施行　次世代育成支援対策推進法 |
| 2004（平成16年） 6 月 | 2004.6.4 閣議決定　少子化社会対策大綱 |
| 2004（平成16年）12月 2005（平成17年） 4 月 | 2004.12.24 少子化社会対策会議決定　子ども・子育て応援プラン（2005年度〜09（平成21）年度） |
| 2006（平成18年） 6 月 | 2006.6.20 少子化社会対策会議決定　新しい少子化対策について　地方公共団体，企業等における行動計画の策定・実施 |
| 2007（平成19年）12月 | 2007.12.27 少子化社会対策会議決定　「子どもと家族を応援する日本」重点戦略　仕事と生活の調和（ワーク・ライフ・バランス）憲章　仕事と生活の調和推進のための行動指針 |
| 2008（平成20年） 2 月 | 「新待機児童ゼロ作戦」について |
| 2010（平成22年） 1 月 | 2010.1.29 閣議決定　子ども・子育てビジョン　2010.1.29 少子化社会対策会議決定　子ども・子育て新システム検討会議 |
| 2010（平成22年）11月 | 待機児童解消「先取り」プロジェクト |
| 2012（平成24年） 3 月 | 2012.3.2 少子化社会対策会議決定　子ども・子育て新システムの基本制度について |
| 2012（平成24年） 8 月 | 2012.3.30 閣議決定　子ども・子育て新システム関連3法案を国会に提出　2012.8.10 法案修正等を経て子ども・子育て関連3法が可決・成立（2012.8.22 公布）　子ども・子育て支援法 等　子ども・子育て関連3法 |
| 2013（平成25年） 4 月 | 待機児童解消加速化プラン |
| 2013（平成25年） 6 月 | 2013.6.7 少子化社会対策会議決定　少子化危機突破のための緊急対策 |
| 2014（平成26年） 7 月 | 放課後子ども総合プラン |
| 2014（平成26年）11月 | 2014.11.28 施行（一部規定は同年 12.2　施行）　まち・ひと・しごと創生法 |
| 2014（平成26年）12月 | 2014.12.27 閣議決定　長期ビジョン・総合戦略 |
| 2015（平成27年） 3 月 | 2015.3.20 閣議決定　少子化社会対策大綱 |
| 2015（平成27年） 4 月 | 子ども・子育て支援新制度施行　次世代育成支援対策推進法延長 |

出所）内閣府『平成 27 年版　少子化社会対策白書』日経印刷，2015 年，p. 43 を一部改変

ついてみてみる.

### (1)　エンゼルプラン（1995（平成7）年度〜1999（平成11）年度）

1994（平成6）年に文部，厚生，労働，建設の4大臣合意で「今後の子育て支援のための施策の基本的方向について」（エンゼルプラン）が策定された. エンゼルプランは，子育てを夫婦や家庭だけの問題と捉えるのではなく，国や地方公共団体をはじめ，企業・職場や地域社会も含めた社会全体で子育てを支援していくことがねらいとされた. エンゼルプランを実施するため，保育所の量的拡大や低年齢児（0〜2歳児）保育や延長保育などの多様な保育サービスの充実，地域子育て支援センターの整備などを図るための「緊急保育対策等5か年事業」が策定された.

### (2)　新エンゼルプラン（2000（平成12）年度〜2004（平成16）年度）

1999（平成11）年に大蔵，文部，厚生，労働，建設，自治の6大臣合意で「重点的に推進すべき少子化対策の具体的実施計画について」（新エンゼルプラン）が策定された. 新エンゼルプランは，従来のエンゼルプランと緊急保育対策等5か年事業を見直したもので，目標値の項目には，これまでの保育サービス関係ばかりでなく，雇用，母子保健・相談，教育等の事業も加えた内容となった.

### (3)　子ども・子育て応援プラン（2005（平成17）年度〜2009（平成21）年度）

2004（平成16）年6月に閣議決定された「少子化社会対策大綱」では，子どもが健康に育つ社会，子どもを生み，育てることに喜びを感じることのできる社会への転換を課題とされた. この大綱に盛り込まれた施策の効果的な推進を図るため，「少子化社会対策大綱に基づく具体的実施計画について」（子ども・子育て応援プラン）が同年11月に決定された. 子ども・子育て応援

プランでは，若者の自立や働き方の見直し等も含めた幅広い分野で具体的な目標値が設定された.

### (4)　子ども・子育てビジョン（2010（平成 22）年 1 月〜2015（平成 27）年 3 月）

2010（平成 22）年に「子ども・子育てビジョン」が閣議決定された．子ども・子育てビジョンでは，次代を担う子どもたちが健やかにたくましく育ち，子どもの笑顔があふれる社会のために，子どもと子育てを全力で応援することを目的として，子どもが主人公（チルドレン・ファースト）という考え方の下，これまでの「少子化対策」から「子ども・子育て支援」へと視点を移し，社会全体で子育てを支えるとともに，「生活と仕事と子育ての調和」を目指すこととされた.

### (5)　子ども・子育て支援新制度（2015（平成 27）年 4 月〜）

2015（平成 27）年に施行した子ども・子育て支援新制度は，幼児期の学校教育・保育，地域の子ども・子育て支援を総合的に推進し，「量的拡大」や「質の向上」を図ることですべての子どもが健やかに成長できる社会の実現を目指すものである.

主なポイントは，①認定こども園，幼稚園，保育所を通じた共通の給付（「施設型給付」）及び小規模保育等への給付（「地域型保育給付」）の創設，②認定こども園制度の改善，③地域の実情に応じた子ども・子育て支援（利用者支援，地域子育て支援拠点，放課後児童クラブなどの「地域子ども・子育て支援事業」）の充実，④市町村が実施主体，⑤社会全体による費用負担，⑥子ども・子育て会議の設置である.

# 第2節　少子化と子育て支援サービスの現状

## 1. 少子化の現状

　2017（平成29）年4月に，国立社会保障・人口問題研究所が将来推計人口を発表した．推計によると，合計特殊出生率は，2065（平成77）年には，1.44となり，前回推計（2012（平成24）年）の1.35よりも上昇した．また，総人口も前回推計8,135万人よりも増加し，8,808万人となった．前回の推計（平成24年）と比較すると人口減少の速度や高齢化の進行度合いは緩和するが，歯止めはかかっていない．

## 2. 子育て支援サービスの現状

　子ども・子育て支援新制度では，その内容を大まかに3つに分けて説明している．「認定こども園・幼稚園・保育所・小規模保育など共通の財政支援」「地域の実情に応じた子育て支援」「仕事と子育ての両立支援事業」の3つである．この項では，子育て支援サービスとして，その中の「地域の実情に応じた子育て支援」について，詳しく説明する．


### (1)　利用者支援事業
　子ども及びその保護者等の身近な場所で，教育・保育・保健その他の子育て支援の情報提供及び必要に応じ相談・助言等を行うとともに，関係機関との連絡調整等を実施する事業


### (2)　地域子育て支援拠点事業
　乳幼児及びその保護者が相互の交流を行う場を提供し，子育てについての相談，情報の提供，助言その他の援助を行う事業

（3）　妊婦健康診査

　妊婦の健康の保持及び増進を図るため，妊婦に対する健康診査として，①健康状態の把握，②検査計測，③保健指導を実施するとともに，妊娠期間中の適時に必要に応じた医学的検査を実施する事業

（4）　乳児家庭全戸訪問事業

　生後4か月までの乳児のいるすべての家庭を訪問し，子育て支援に関する情報提供や養育環境などの把握を行う事業

（5）　養育支援訪問事業

　養育支援が特に必要な家庭に対して，その居宅を訪問し，養育に関する指導・助言等を行うことにより，当該家庭の適切な養育の実施を確保する事業

（6）　子育て短期支援事業

　保護者の疾病等の理由により家庭において養育を受けることが一時的に困難となった児童について，児童養護施設等に入所させ，必要な保護を行う事業（短期入所生活援助事業（ショートステイ事業）及び夜間養護等事業（トワイライトステイ事業））

（7）　子育て援助活動支援事業（ファミリー・サポート・センター事業）

　乳幼児や小学生等の児童を有する子育て中の保護者を会員として，児童の預かりなどの援助を受けることを希望する者と当該援助を行うことを希望する者との相互援助活動に関する連絡，調整を行う事業

（8）　一時預かり事業

　家庭において保育を受けることが一時的に困難となった乳幼児について，主として昼間において，認定こども園，幼稚園，保育所，地域子育て支援拠点その他の場所において，一時的に預かり，必要な保護を行う事業

（9）　延長保育事業

保育認定を受けた子どもについて，通常の利用日及び利用時間以外の日及び時間において，認定こども園，保育所等において保育を実施する事業

（10）　病児保育事業

病児について，病院保育所等に付設された専用スペース等において，看護師等が一時的に保育等する事業

（11）　放課後児童クラブ（放課後児童健全育成事業）

保護者が労働等により昼間家庭にいない小学校に就学している児童に対し，授業の終了後に小学校の余裕教室，児童館等を利用して適切な遊び及び生活の場を与えて，その健全な育成を図る事業

（12）　実費徴収に係る補足給付を行う事業

保護者の世帯所得の状況等を勘案して，特定教育・保育施設等に対して保護者が支払うべき日用品，文房具その他の教育・保育に必要な物品の購入に要する費用または行事への参加に要する費用などを助成する事業

（13）　多様な事業者の参入促進・能力活用事業

特定教育・保育施設等への民間事業者の参入の促進に関する調査研究その他多様な事業者の能力を活用した特定教育・保育施設等の設置または運営を促進するための事業

## 第3節　少子化と子育て支援サービスの課題

## 1.　少子化の課題

1997（平成9）年10月の厚生省人口問題審議会「少子化に関する基本的考

え方について」において，現行のまま少子化が進行した場合の影響として，経済面への影響と社会面への影響の二つを挙げた．経済面の影響では，①労働力人口の減少と経済成長への影響（経済成長率低下の可能性），②国民の生活水準への影響（現役世代の手取り所得が減少する可能性）の2つ，社会面の影響では，①家族の変容（単身者や子どものいない世帯が増加する），②子どもへの影響（子どもの健全成長への影響が懸念される），③地域社会の変容（基礎的な住民サービスの提供も困難になる）の3つが指摘された．これら予測される事項であったものが，現在では実際の問題となっている．

　前節でも，述べたように少子化は，依然として継続し，将来推計では，2065（平成77）年には8,808万人となる．しかし，現在の日本の社会システムは，高度経済成長期に計画されたモデルのままであるといえる．そのシステム自体を抜本的に再構築し，少子化の状態で，国民が幸せを追求できる手立てを模索する必要があろう．

## 2.　子育て支援サービスの課題

　少子化対策として，エンゼルプランをはじめとする子育て支援政策が始まった．しかし，子育て支援自体は，それ以前から保育所などでも取り組まれていた．現在では，様々な場，様々な機関によって子育て支援が行われている．子育て支援の本質は，少子化対策ではないであろう．では，子育て支援とは何かということを考える場合，誰のための子育て支援なのかを再度，問い直す必要がある．支援の対象は，子育てをする親，子育て環境，労働環境など様々に及んでいる．しかし，それが最終的には，「子どもが健やかに成長すること」「子どもの最善の利益」につながるかを確認しなければならないであろう．

**参考文献**
大豆生田啓友・太田光洋・森田史編『よくわかる子育て支援・家族援助論』ミネルヴァ書房，2014年
国立社会保障・人口問題研究所　『日本の将来推計人口（平成29年推計）プレス

リリース』2017 年.

　http://www.ipss.go.jp/pp-zenkoku/j/zenkoku2017/pp29_PressRelease.pdf（アク
　セス日：2017 年 7 月 29 日）

内閣府　『平成 16 年版　少子化社会対策白書』　ぎょうせい，2004 年

内閣府　『平成 27 年版　少子化社会対策白書』　日経印刷，2015 年

内閣府　『子ども・子育て支援新制度について―みんなが，子育てしやすい国へ．
　すくすくジャパン！』　2016 年.

# 第8章　母子保健と児童の健全育成

## 第1節　母子保健と児童の健全育成とは

### 1. 母子保健とは

　母子保健は，妊娠，出産，育児にかかわる母親・父親と，乳幼児を中心とする子どもを対象とし，思春期から妊娠，出産をとおして，母性・父性を育み，子どもが心身ともに健やかに生まれ育つことを目的としている保健支援である．

　かつての日本は，先進諸国の中では妊産婦死亡率，乳児死亡率等が非常に高かった．しかし，「児童福祉法」，「母子保健法」に基づく母子保健施策の充実や医療技術の進歩により，現在は，妊産婦や乳幼児の死亡率は激減し，世界のトップ水準となっている．

　一方で，育児の孤立化など，母子保健を取り巻く状況は複雑化しており，保健師，助産師を中心とした，産後うつや育児不安に対する母子保健活動の地道な取り組みの重要性は増すばかりである．2016（平成28）年の「児童福祉法」，「母子保健法」の改正では，母子保健における虐待予防の役割が明確になった．さらに母子の健康水準向上のための国民運動計画「健やか親子21（第2次）」（2015年度〜2024年度）においては，「育てにくさを感じる親に寄り添う支援」が重点課題として掲げられている．もはや母子保健は，母子の健康だけの問題ではなく，子育て支援の中核を担う重要な分野となっている．

## 2. 児童の健全育成とは

　母子保健が，主に就学前までの子育てを保健分野から支援するのに対して，児童の健全育成とは，18歳未満のすべての家庭の児童を遊びや生活面から支援するものといえる．

　具体的な施策としては，子どもの遊びの拠点になる児童館などの児童厚生施設の整備・運営，子どもの放課後や学校の休業日の生活を支える放課後児童健全育成事業，その他の地域組織活動などがある．

　特に，核家族化，ひとり親家庭の増加，子育て世代の大半が共働き家庭であるという現状において，「小1の壁」という言葉に表されているように，放課後や学校休業日の安心・安全な子どもの居場所の確保が厳しい状況であり，放課後児童健全育成事業の拡大が望まれている．

## 第2節　母子保健と児童の健全育成の現状

## 1. 母子保健施策の概要

### （1）　妊娠期の母子保健施策

#### 1）　妊娠の届出と母子健康手帳の交付

　「母子保健法」第15条では，妊娠した者は速やかに市町村長に妊娠の届出をしなければならないとされている．また，「母子保健法」第16条では，市町村は，妊娠の届出をした者に対して，母子健康手帳を交付しなければならないとしている．

　妊娠の届出及び母子健康手帳の交付は，妊婦にとっては，母子保健サービスにつながる重要な機会であり，妊婦健康診査の受診券や，母親学級などの各種母子保健サービスの情報を受けることができる．行政にとっては，地域の妊婦の状況を把握し，母子保健サービス，各種子育て支援サービス，福祉制度も含めた支援につなげていくためのきっかけとなる．

　母子健康手帳は，妊娠期から産後まで，新生児期から乳幼児期まで一貫して，健康の記録を，必要に応じて医療関係者が記載・参照し，また保護者自らも記載し管理できるよう工夫された，優れた母子保健のツール[1] である．母子健康手帳には，妊婦健康診査や乳幼児健康診査など各種の健康診査や訪問指導等の母子保健サービスを受けた際の記録や，予防接種の接種状況が記録される．予防接種の記録は，予防接種済証と呼ばれる公的な証明にもなるほか，予防接種の有無は就学以降もたびたび必要となる情報である．

### 2)　妊婦健康診査

　「母子保健法」第 13 条に基づき，市町村は，妊婦健診を実施している．妊婦と胎児の健康の定期的な確認，未熟児出産，B 型肝炎などの母子感染，妊娠中毒症の予防などのために医療機関で実施される．子ども・子育て支援新制度の実施に伴い，2015（平成 27）年度より地域子ども・子育て支援事業の 1 つとして位置づけられ，安心・安全な出産のために必要とされる受診回数（14 回）まで公費によって助成されている．

### 3)　妊婦訪問指導

　妊婦の心身の健康のために，必要時に保健師・助産師が訪問する．若年や高齢，または医療機関からの連絡により把握されたハイリスクの妊婦が対象となる．

### 4)　母親学級・両親学級

　妊娠，出産，栄養などの講義のほか，ベビーモデルを使った沐浴の実技講習などを行うが，妊娠の悩みや不安を分かち合える仲間づくりの場の提供ともなっている．


### (2)　出産期の母子保健施策

### 1)　新生児マス・スクリーニング検査

　すべての新生児を対象に，分娩した病院において公費で実施されている．先天性代謝異常や先天性甲状腺機能低下症の放置による知的障がいを発見することにより予防することができる．

### 2)　新生児聴覚検査

新生児の 1,000 人に 1〜2 人の割合で難聴が発生するといわれているが，早期に発見され適切な支援が行われた場合には，言語能力やコミュニケーション能力の発達への影響が最小限に抑えられる．すべての新生児を対象として，分娩した病院において新生児聴覚検査が行われるように，2017（平成29）年度より「新生児聴覚検査の体制整備事業」が実施され，検査費用の公費助成も進みつつある．

## （3）　産後，子育て期の母子保健施策

### 1)　産婦健康診査

2017（平成29）年度より「産婦健康診査事業」が実施されている．産後うつの予防や新生児への虐待防止等を図る観点から，産後2週間，産後1か月など出産後間もない時期の産婦に対する健康診査（産後の母体の回復や産婦の精神状態等の診察）を行う．地域におけるすべての産婦を対象に，医療機関で行われる産婦健康診査2回分にかかる費用について公費助成されている．

### 2)　低出生体重児の届出と未熟児訪問指導，未熟児養育医療負担

「母子保健法」第18条では，体重が 2,500 グラム未満の乳児の出生について，保護者は市町村に届出なければならないとしている．また，「母子保健法」第19条では，市町村は，養育上必要があるときは，医師，保健師，助産師等に未熟児の保護者を訪問させ，必要な指導を行わせるとしている．

低出生体重児の割合は増加傾向にあり，特に超低出生体重児（1,000g 未満）の出生数は 1980（昭和55）年から 2015 年（平成27）の 35 年間で3倍に増加している[2]．入院が必要だった低出生体重児では，保護者は退院に際して，子どもの将来に対する不安や家庭での保育に関する不安が残っていることが多く，早期に在宅支援することが望ましい．

また，出生体重 2,000g 以下の未熟児への養育に必要な医療費について，一部公費負担する制度（「母子保健法」第20条）もある．

### 3)　新生児訪問指導・乳児家庭全戸訪問事業

新生児訪問指導（「母子保健法」第 11 条）は，保護者からの希望や，必要に応じて，医師，保健師，助産師等が訪問指導するものである．

乳児家庭全戸訪問事業（通称：こんにちは赤ちゃん事業，「児童福祉法」第 6 条）は，生後 4 か月までの乳児のいるすべての家庭を，保健師，助産師，保育士，母子保健推進員等が訪問し，育児に関する不安や悩みの相談，子育て支援に関する情報提供を行う．その際，乳児及びその保護者の心身の様子及び養育環境を把握する．

### 4)　養育支援訪問事業

養育支援訪問事業（「児童福祉法」第 6 条の 3 第 5 項）は，乳児家庭全戸訪問事業やその他の情報により，養育支援が特に必要であると判断した家庭に対し，保健師・助産師・保育士等が訪問し，養育に関する指導，助言等を行う．養育支援が特に必要な家庭とは，育児ストレス，産後うつ状態等によって，子育てに対して強い不安や孤立感等を抱える家庭や，生活環境等が不適切な養育状態にある家庭，さらに虐待のリスクを抱えている家庭，乳児院等の退所により児童が復帰した後の家庭等のことである．

### 5)　乳幼児健康診査

「母子保健法」第 12 条に基づき，市町村は，1 歳 6 か月健診と 3 歳児健診を実施している．健診では，小児科医師，歯科医師，保健師，管理栄養士，歯科衛生士，保育士，心理士などにより，身体発育状況，栄養状態，歯及び口腔の疾病及び異常の有無，予防接種の実施状況等を確認する．あわせて生活習慣や虫歯予防の指導，言葉の発達の遅れなどの不安や，子育ての悩みの相談を受けるなど，子育て支援に重点をおいた乳幼児健康診査が求められている．

健診後のカンファレンスでは，健診に従事した職種間で，子どもと家族の多面的な評価をもとに，フォローアップの家族を検討し，他機関との連携や保健師が電話相談や家庭訪問を実施する．

「発達障害者支援法」では，乳幼児健診において発達障がいの早期発見を

求めている．1 歳 6 か月健診の問診には，言葉の数だけでなく，ASD（自閉症スペクトラム）の指標となる「指差し」に関するものもある．また，3 歳児健診では，視覚検査が追加される．子どもの視力は 6 歳でほぼ完成するので，弱視は 3 歳から 4 歳に治療を開始することが重要だからである．

### （4）　妊娠期から子育て期までの切れ目のない支援，子育て世代包括支援センター

2016（平成 28）年の「母子保健法」の改正により，2017（平成 29）年 4 月から子育て世代包括支援センター（法律における名称は，母子健康包括支援センター）が法定化され，市区町村への設置が努力義務とされた．さらに 2020（平成 32）年度末までに全国展開を目指すとされている．

妊娠期から子育て期までの切れ目のない支援を行い，「母子保健サービス」と「子育て支援サービス」を一体的に提供できるようにする．

## 2.　児童の健全育成の現状

### （1）　児童館

児童館（「児童福祉法」第 40 条）は，地域のすべての 18 歳未満の児童を対象とし，遊びや生活を援助し，健全育成を支えることを目的としている．児童館そのものは減少傾向にあるが，バンドやダンス練習，卓球やビリヤードができる部屋などを用意し，中高生の居場所づくりを支援している児童館もある．中高生向けの活動を用意している児童館は全体の一部でしかないが，子育て支援のエアポケットといわれている中高生の健全育成の場所として，児童館の担う役割は大きい．

### （2）　放課後児童健全育成事業

放課後児童健全育成事業（「児童福祉法」第 6 条の 3 第 2 項）は，保護者が労働等により昼間家庭にいない小学校に就学している児童に対し，放課後または学校休業日に，適切な遊び及び生活の場を与えて，その健全な育成を図

図8-1　子育て世代包括支援センターの仕組み

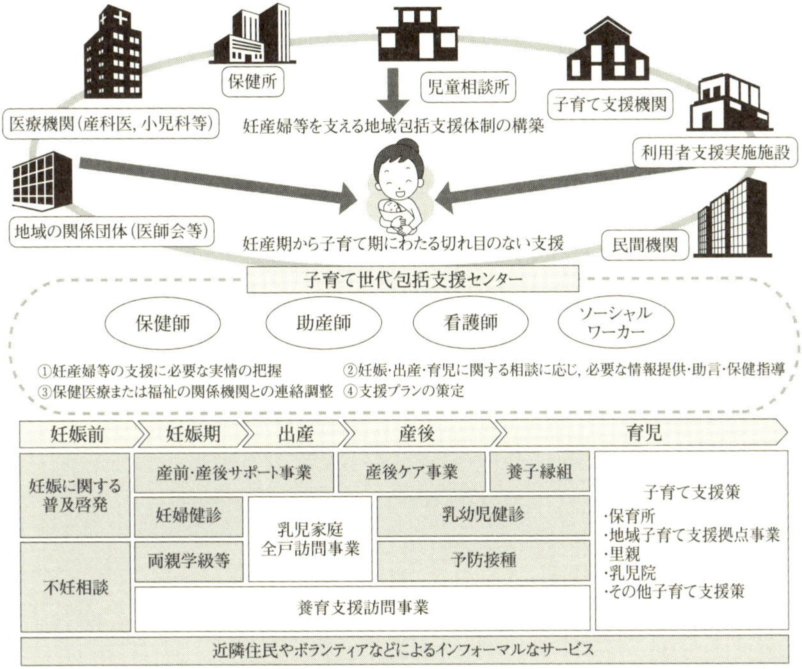

出所）「虐待から子どもたちを守る　改正児童福祉法から見る「私たち一人ひとりにできること」」，厚生労働．
　　　2017年1月号．p.12

る事業である．放課後児童クラブまたは学童保育とも呼ばれ，小学校内の空き教室や児童館などで実施されている．

### (3)　放課後子供教室

小学校に入学しているすべての児童を対象に，学校等を活用し，放課後や週末等における様々な体験活動や地域住民との交流活動等を支援する取り組みである．

### (4)　放課後子ども総合プラン

保育所の待機児童問題も深刻であるが，小学校入学後も放課後児童クラブ

に子どもを入れることができずに困っている保護者も多い. また, 子どもたちの遊びを保障する「時間・空間・仲間」の三間の確保が難しく, すべての子どもたちの放課後の支援が必要である. そこで, 放課後児童クラブ及び放課後子供教室を一体的にまたは連携して実施し, 2019（平成 31）年度末までに, 放課後児童クラブについて約 30 万人分を新たに整備することが放課後子ども総合プランの目標として掲げられている.

## 第 3 節　母子保健と児童の健全育成の課題

### 1. 母子保健の課題

#### （1）　学童期・思春期からの成人期に向けた保健対策

10 代の自殺率は,「健やか親子 21（第 1 次)」において, 悪化した指標の 1 つであり, 10 代の自殺は 10 代後半の死因の 1 位になるほど深刻である.「生」を大切にすることは自分の「性」を大切にすることである. 虐待につながる妊娠を防ぐためにも思春期の保健対策は, 重要な課題である.

#### （2）　育てにくさを感じる親に寄り添う支援

育てにくいと感じる要因の 1 つに子どもの発達障がいがある. 特に知的な遅れのない, ASD（自閉症スペクトラム）や ADHD は, 適切な支援に結びつきにくいことから, 就学後の二次障害につながってしまうこともある. それらを防ぐため, 5 歳児健診を実施する市町村が増えてきているが, 母子保健と幼稚園, 保育所等との連携が課題である.

#### （3）　妊娠期からの児童虐待防止対策

産後の女性の 13%が「産後うつ」に罹患するという報告[3]がある. 重症の場合は, 親子心中という最悪の結果を招くので, 乳児院の措置理由は母親の精神疾患が一番多い. また妻の出産後 3 か月以内に男性の 16.7%が産後の

うつ傾向が出たという報告[4]もある．イライラする，不安に襲われる，攻撃的になるなどの症状が現れ，虐待につながる場合もある．妻が産後うつになると，夫が産後うつになる確率も高まるのでさらに支援が必要である．

　また，虐待による死亡事例の母親の9割が，母子健康手帳の未発行，妊婦健康診査未受診であり，母子保健支援を全く受けていなかった[5]．改正された「児童福祉法」第21条（2016（平成28）年10月施行）では，妊婦自身からの相談を待つだけでなく，支援を要する妊婦に積極的にアプローチするために，病院，学校等が支援を要する妊婦等を把握した場合には，その情報を市町村に提供するように努めなければならないとしている．すべての親子を必要な支援につなげることが，今後の母子保健の大きな課題である．

## 2. 児童の健全育成の課題

　放課後子供教室と放課後児童クラブが一体化することにより，保護者の就労にかかわりなく，子どもたちが一緒に遊べるようになったが，放課後児童クラブは，遊びだけでなく，子どもたちの生活の場でもあったことを忘れてはいけない．「ただいま」「おかえりなさい」の関係があり，子どもたちにとって安心できる「もうひとつの家」である．そのようなことも踏まえると，放課後児童クラブの量的拡充だけでなく，質の向上もさらに重要な課題である．

注
1) 横山徹爾ほか『母子健康手帳の交付・活用の手引き』，2016年3月発行，平成23年度厚生労働科学研究費補助金（成育疾患克服等次世代育成基盤研究事業）「乳幼児身体発育調査の統計学的解析とその手法及び利活用に関する研究」http://www.niph.go.jp/soshiki/07shougai/hatsuiku/index.files/koufu.pdf（2017年8月4日アクセス確認）
2) 財団法人母子衛生研究会編『わが国の母子保健　平成29年版』，母子保健事業団，2017年，p. 22．表6
3) 鈴宮寛子『児童虐待予防を踏まえた母子保健活動に必要な視点とは』保健師ジャーナル，第73巻第4号，pp. 290-297，医学書院，2017年
4) 竹原健二・須藤茉衣子『父親の産後うつ』小児保健研究，第71巻3号，pp.

343-349, 2012 年
5）厚生労働省ホームページ，子ども虐待による死亡事例等の検証結果等につい
て（第 10 次報告）．http://www.mhlw.go.jp/stf/seisakunitsuite/bunya/
0000057947.html（2017 年 8 月 4 日アクセス）

**参考文献**
柏女霊峰著『子ども家庭福祉論（第 4 版）』，誠信書房，2015 年
『改正児童福祉法・児童虐待防止法のポイント（平成 29 年 4 月完全施行)』中央
法規出版，2016 年

# 第9章　多様な保育ニーズへの対応

## 第1節　多様な保育ニーズへの対応とは

　近年の社会構造の変化，価値観の多様化，家族機能のさらなる脆弱化は新たな児童家庭福祉のニーズを顕在化させた．それらに伴い新たな施策の整備が求められるようになった．

　1989（平成元）年のいわゆる 1.57 ショックを契機に厚生省（現厚生労働省）が中心となって，子育てと仕事の両立支援のための環境整備を主眼としてはじまった少子化対策は，1994（平成6）年の「今後の子育て支援のための施策の基本的方向について」（エンゼルプラン），1999（平成11）年の「重点的に推進すべき少子化対策の具体的実施計画について」（新エンゼルプラン）など，総合的な少子化対策が展開されたが十分な効果を得ることはできなかった．

　合計特殊出生率は少子化が進行した 2005（平成17）年に 1.26 を記録して以降，緩やかに上昇に転じていたが 2014（平成26）年に前年を 0.01 ポイント下回る 1.42 となった．少子化対策や子育て家庭への支援は子どもや保護者への福祉対策のみならず国の労働施策上においても重要な課題である．保育を必要とする子ども・保護者が求める保育のあり方についても，保育施設への入所という基本的なものから，利用日，時間帯，また，施設内における保育や支援の内容に至るまで多岐にわたり，そのニーズは多様化している．

　そのような中 2012（平成24）年8月に成立した「子ども・子育て支援法」「認定こども園法の一部改正法」「子ども・子育て支援法及び認定こども園法の一部改正法の施行に伴う関係法律の整備等に関する法律」のいわゆる「子

ども・子育て関連3法」が公布され，2015（平成27）年よりスタートした．これは地域主権を前提とし，すべての子どもへの良質な育成環境の保護，出産・子育て・就労の希望がかなう社会を目指すものであり，さらに，男女ともに仕事と生活が調和する社会（ワーク・ライフ・バランス）の実現に向け，保育サービスをより一層の拡充を図ろうとするものである．

## 第2節　多様な保育ニーズへの対応の現状

　子ども・子育て支援新システムは，子ども・子育てを社会全体で支援し，子どもや子育て家庭を中心にすべての子ども・子育て家庭に対して必要かつ良質なサービスを提供，地域主権を前提とした多様なニーズへの対応の実現を目指すものである．本節では，そのサービスの概要を紹介する．

### 1. 特定教育・保育施設

　子ども子育て支援給付において「施設型給付」の対象となる事業である．認定こども園，幼稚園，保育所を市町村の共通の給付対象として位置づけた．また，幼保連携型認定こども園の改善がなされ，これに伴い，幼保連携型認定こども園の認可，指導監督が市町村に一本化され，保育所とも幼稚園とも異なり，児童福祉施設であると同時に学校教育機関でもある，という固有な施設として位置づけられた．幼保連携型認定こども園の設置主体は，国，地方公共団体，学校法人，社会福祉法人のみに限定し，認定こども園の財政措置を「施設型給付」に一本化した．

### 2. 地域型保育事業

　都市部における待機児童解消とともに子どもの数が減少している地域における保育機能の確保を目的とした小規模保育等への給付として「地域型保育給付」を創設した．市町村による認可事業として位置づけられたことにより，多様な事業者や施設の中から利用者が選択することが可能になった．いずれ

も原則 0〜2 歳児を対象としている.

### （1）　小規模保育

利用定員 6 人以上 19 人以下の家庭的な雰囲気の中で，きめ細やかな保育を提供するサービス．保育所分園並びに小規模に近い A 型，家庭的保育に近い C 型，その中間に位置する B 型に分類される．

### （2）　家庭的保育

利用人数 5 人以下の少人数を対象とし，市町村が認定した家庭的保育者の居宅などにおいて，きめ細やかな保育を提供するサービス．

### （3）　居宅訪問型保育

子ども・保護者が住み慣れた居宅において，子ども 1 対保育者 1 を基本として，きめ細やかな保育を実施するサービス．

### （4）　事業所内保育

一般企業が主に，被用者の仕事と子育ての両立を支援するために行うもので，定員等は明確に規定されていない．また，被用者の子どものみならず，地域において保育を必要とする子どもに対しても保育を実施するサービス．

## 3．地域子ども・子育て支援事業

地域の保育ニーズに基づき，各市町村が子ども・子育て支援事業に対し，5 年を 1 期として定める市町村子ども・子育て支援事業計画に従って実施する事業．

### （1）　地域子育て支援拠点事業

地域の身近な公共施設，保育所，児童館等で，子育て中の保護者が親子で相互交流をする．また，育児相談や情報提供等を実施するもの．従来の「ひ

ろば型」「センター型」を「一般型」に，「児童館型」を「連携型」に再編した．また，「地域機能強化型」に付加された利用者支援機能は利用者支援事業へ，地域支援機能は地域子育て支援拠点事業の加算項目へと整理・再編された．

### (2)　利用者支援事業

子育て家庭や妊婦を対象とし，保育・保健・教育，その他子育て支援に関する情報提供や相談援助を提供する事業．

### (3)　ファミリー・サポート・センター事業

子育てと仕事の両立を支援するための事業．子育て中の保護者を会員として，子どもの預かり等の育児支援を受けたい者と支援希望者の相互支援活動に関する連絡調整を実施する事業．支援内容としては，保育施設への送迎，保育終了後・放課後の預かり，保護者の疾病，冠婚葬祭，子どもの行事の際の預かり，病児・病後児の預かり，早朝夜間等の緊急預かり対応等がある．

### (4)　一時預かり事業

家庭における保育が一時的に困難となった場合に保育施設等で預かる事業．以下の4つの事業類型に再編されている．1)「一般型」従来の保育所型・地域密着型・地域密着Ⅱ型を再編したもの．2)「幼稚園型」従来同様，在園児の預かりを主とするものである．3)「余裕活用型」新たに創設されたもので，保育所等で利用する子どもの数が定員を満たさない場合に定員の範囲内で一時預かりを実施できるもの．4)「訪問型」同様に新たに創設されたもので，地域型保育給付に準じ，保育の必要性の認定を受けない子どもについて，居宅において一時預かりを実施する事業．

### (5)　子育て短期支援事業

保護者が疾病等の社会的要因やDVによる緊急一時的に保護を必要とする

場合に児童養護施設，乳児院，保育所等において預かり，保護・生活指導・食事の提供等を行う事業である．短期入所生活援助（ショートステイ）と夜間養護等（トワイライトステイ）事業がある．

　以上（1）〜（5）はすべての家庭を対象とするもので，次の（6）〜（8）は主に共働き家庭を対象とする．

### （6）　延長保育事業

　保育所，認定こども園等において通常の利用日時以外に保育を提供する事業．11 時間の開所時間内に延長保育を実施する場合は 1 名の保育士等を追加配置する必要がある．11 時間の開所時間の前後でさらに 30 分以上の延長保育を実施する場合は，対象となる子どもの年齢，人数に応じて最低 2 人以上保育士等の配置がなされる．

### （7）　病児保育事業

　病児や病後児がいる保護者が家庭での養育が困難な場合，保護者の就労に関係なく病院や保育所等に付設された専用のスペースで実施できる事業．「病児対応型・病後児対応型」「体調不良児対応型」「非施設型（訪問）型」がある．

### （8）　放課後児童クラブ

　就労等により保護者が日中不在の小学生に対して放課後の小学校の余裕教室，児童館等を利用して適切な遊び及び生活の場を提供して，その健全な育成を図る事業．人員はおおむね 40 人程度で，最大 70 人まで，開所時間は平日（小学校の授業の休業日）は原則 1 日につき 3 時間以上，土・日・長期休業期間については原則 8 時間以上．また，放課後児童支援員 2 名以上の配置（うち 1 人を除き，補助員の代替可）が必要．

## 第3節　多様な保育ニーズへの対応の課題

　子ども・子育て支援新制度は地域，親の就労状況，家族形態にかかわらず，すべての子どもと子育て家庭を対象とし，子ども一人ひとりの健やかな育ちを等しく保障することを目的に制度化された．全世代で子育て家庭を支援し，次世代の育成にすべての国民が参画する社会の構築を目指している．さらにすべての子どもに良質な発達環境を保障するとともに，親が安心して子育てができる環境整備も目的としている．また子ども・子育て支援新制度は，これまで「医療」「年金」「介護」の3分野で構成されていた我が国の社会保障経費に加え，初めて「少子化対策・子育て支援対策」が位置づけられ，4分野となったことからも，大きな意義を有しているといえよう．

　新制度においては，基礎自治体（市町村，特別区）（以下，市町村）が実施主体として，保育利用の現状のみならず，潜在需要も含めたアンケート調査による地域の保育ニーズに基づき，計画の策定及び地域子ども・子育て支援事業として13事業を実施する．そして国・都道府県は実施主体である市町村を重層的に支援することとなった．このように，子ども・子育て支援新制度において，在宅の子育て家庭への支援事業である「地域子ども・子育て支援事業」は各地域の保育ニーズの実情に応じて取り組むことになっており，市町村の取り組みへの姿勢が問われることとなる．

　今日，親自身の育ちに起因する養育能力の低下，地域社会における養育能力の低下などが顕著になってきている．このような子ども・子育て環境の中で，多様な保育ニーズに対応していくには，地縁，血縁を超えた子どもと親・家庭への社会的な支援体制を構築し，ソーシャルインクルージョン（包摂）の視点からすべての子どもと親の自己実現に対応する環境の創出が求められている．

**参考文献**

山縣文治編『よくわかる子ども家庭福祉 第9版』，ミネルヴァ書房，2014年

千葉茂明編『児童・家庭福祉論 第3版』，みらい，2016年

井村圭壯・相澤譲治編著『保育と社会的養護』学文社，2014年

# 第10章　虐待防止、ドメスティック・バイオレンス

## 第1節　児童虐待、ドメスティック・バイオレンスとは

児童虐待とは，保護者がその監護する児童に対して行う身体的，心理的，性的暴力と保護の怠慢などのことであり，これらの行為は児童の人権を著しく侵害する．2000（平成12）年に制定された「児童虐待の防止等に関する法律（以下，「児童虐待防止法」）では，児童虐待は，子どもの「心身の成長及び人格の形成に重大な影響を与える」（第1条）としており，児童虐待の予防，早期発見と国や地方公共団体の責務について明記しており，「何人も，児童に対し，虐待をしてはならない」（第3条）と言明している．

児童虐待は，最悪の場合，子どもを死に至らしめたり，心身に重大な障害を負わせたりと子どもの生きる権利，育つ権利を奪う行為である．子どもへの影響を考えると，発生の未然防止が最も大切であるが，一方で，虐待を受けた子どもの生活や将来の自立に向けた支援も同時に行わなければならない．

一方，配偶者からの暴力（「ドメスティック・バイオレンス」以下，「DV」）も児童，家庭の福祉を脅かし，被害者の人権を著しく損なう．「配偶者からの暴力の防止及び被害者の保護等に関する法律（以下，「DV防止法」）によると，DVとは「配偶者からの身体に対する暴力（身体に対する不法な攻撃であって生命又は身体に危害を及ぼすもの）」（第1条）としている．この場合の「配偶者」には婚姻関係にある妻や夫のほか，「事実上婚姻関係と同様の事情にある者」を含む．DVは配偶者間の暴力ではあるが，被害者の9割以上は女性であり，夫から妻への暴力である場合が多い．

「児童虐待防止法」において，子どもがDVを目撃する行為は「心理的虐

図10-1　虐待通告件数の推移

出所）厚生労働省．平成28年度　児童相談所での児童虐待相談対応件数（速報値）

待」にあたるとしている．子どもにとって直接の暴力被害がなくても，暴力を日常的に目撃することは子どもに大きな心理的ダメージをもたらすためだ．児童虐待もDVも子どもの心身の健全な発達に極めて重大な妨げになるため，その発生予防と早期発見に努めていかなければならない．

## 第2節　児童虐待・DVの現状

### 1．児童虐待の現状

　近年，児童虐待によって子どもが犠牲になるニュースが連日のように報道されている．死亡には至らなくても，心や身体に深い傷を負う子どもが後を絶たない現状である．厚生労働省が公表している「児童相談所での児童虐待相談対応件数」によると，2016（平成28）年度は122,578件（速報値）となった（図10-1）．また，その数は10年前の調査のおよそ3倍，20年前のおよそ30倍となっている．これらの数値はあくまで児童相談所が対応した件数であり，児童虐待の実数からすると氷山の一角にすぎない可能性が高い．

　一方，2000（平成12）年に「児童虐待防止法」が制定されて以来，児童相談所の機能を強化したり，児童虐待に対する社会的な関心が高まったりしたことで，これまで把握できなかった児童虐待に対応できるようになってきた

ことも，児童虐待対応件数の増加の一因とも考えられる．加えて，第1節で
も述べたとおり，家庭内におけるDVを子どもが目撃する行為も児童虐待に
位置づけられることとなったことも児童虐待対応件数の増加に関係している．

## 2. 児童虐待の定義

「児童虐待防止法」及び厚生労働省の「子ども虐待対応の手引き（平成25
年8月改正版）」では，児童虐待を以下のとおり定義し，具体的な行為を例示
している．

### (1) 身体的虐待
- 児童の身体に外傷が生じ，または生じるおそれのある暴行を加えること．
- 外傷とは打撲傷，あざ（内出血），骨折，頭蓋内出血などの頭部外傷，内
  部損傷，刺傷，たばこによる火傷など．
- 生命に危険のある暴行とは首を絞める，殴る，蹴る，投げ落とす，激しく
  揺さぶる，熱湯をかける，布団蒸しにする，溺れさせる，逆さ吊りにする，
  異物を飲ませる，食事を与えない，冬戸外にしめだす，縄などにより一室
  に拘束するなど．
- 意図的に子どもを病気にさせる．

### (2) 性的虐待
- 児童にわいせつな行為をすること又は児童をしてわいせつな行為をさせる
  こと．
- 子どもへの性交，性的暴行，性的行為の強要・教唆（児童を唆すこと）
- 性器や性交を見せる．
- ポルノグラフィーの被写体にする，など．

### (3) ネグレクト
- 児童の心身の正常な発達を妨げるような著しい減食または長時間の放置，

保護者以外の同居人による身体的・性的または心理的虐待を放置その他保護者としての監護を著しく怠ること.

●子どもの健康・安全への配慮を怠っていること. たとえば重大な病気になっても病院に連れて行かない, 乳幼児を家に残したまま外出するなど.

●子どもの意思に反して登校させない.

●子どもにとって必要な情緒的欲求に応えていない (愛情の遮断など).

●食事, 衣服, 住居などが極端に不適切で, 健康状態を損なうほどの無関心・怠慢など.

●子どもを遺棄したり置き去りにしたりする.


### （4）　心理的虐待

●児童に対する著しい暴言または著しく拒絶的な対応, 児童が同居する家庭における DV 等の目撃 (面前 DV) その他の児童に著しい心理的外傷を与える言動を行うこと.

●ことばによる脅かし, 脅迫など.

●子どもを無視したり, 拒否的な態度を示したりすることなど.

●子どもの心を傷つけることを繰り返し言う.

●子どもの自尊心を傷つけるような言動など.

●他のきょうだいとは著しく差別的な扱いをする.

●配偶者やその他の家族などに対する暴力や暴言.


なお, 「しつけを名目にした虐待」が依然として後を絶たない現状であることから, 2016 (平成 28) 年の「児童虐待防止法」の改正により, 同法に「親権を行う者は, 児童のしつけに際して, (中略) 監護及び教育に必要な範囲を超えて当該児童を懲戒してはなら」ないことが明記された.

## 3.　児童虐待の通告義務

　上述のように, 児童虐待は子どもの人権を著しく侵害するばかりではなく,

子どもの心身の発達に極めて重大な障害を与える．したがって，その未然防止とともに大切なのが早期発見である．「児童虐待防止法」においては，児童虐待を受けたと思われる児童を発見した者は，速やかに，これを福祉事務所もしくは児童相談所等に「通告しなければならない」（第6条）としており，国民に通告義務を課している．加えて，保育士をはじめとする保育や幼児教育にたずさわる専門職，学校の教師や児童福祉施設の職員，医師や保健師などは「児童虐待を発見しやすい立場にあることを自覚し，児童虐待の早期発見に努めなければならない」（第5条第1項）としている．児童虐待は家庭内で起こることが多いため，その発見が難しい．そのため，保育者ら子どもの福祉や教育にかかわる専門職は，保護者との日常的なかかわりや子どもとのかかわりによって，異変に気づく視点をもち，必要に応じて児童相談所等の関係機関と連携し，早期発見，早期対応に努めなければならない．

## 4. DVの現状

　DV防止法におけるDVの定義については先に触れたが，内閣府によると，その暴力の形態を①身体的なもの（殴ったり蹴ったりするなど，直接何らかの有形力を行使するもの），②精神的なもの（心ない言動等により，相手の心を傷つけるものや生活費を渡さないといった経済的圧迫，意に反して仕事を辞めさせるなど），③性的なもの（嫌がっているのに性的行為を強要する，中絶を強要する，避妊に協力しないといったもの）の3つに大別している．

　DVは，身体的な外傷のみならず，精神面への影響が大きく，PTSD（心的外傷後ストレス障害）等の精神疾患につながることも多いことから，被害者の尊厳を著しく踏みにじる行為であるといえる．そのため，児童虐待と同様に未然の防止と早期の対応が必要であるが，主な対応窓口としては配偶者暴力相談支援センター，福祉事務所などの行政機関，警察，保健所等が挙げられる．このうち，配偶者暴力相談支援センターにおける相談件数は，2016（平成28）年度は106,367件となっている．これは，9年前の2007（平成19）年度のおよそ2倍である．内閣府の「配偶者からの暴力に関するデータ」

（平成 28 年 9 月 16 日）によると、「配偶者（事実婚や別居中の夫婦、元配偶者を含む）から「身体的暴行」「心理的攻撃」「経済的圧迫」「性的強要」のいずれかを 1 つでも受けたことがあるか」との問いに対して、女性の調査対象のおよそ 1 割が「何度もあった」と回答している。このことからもわかるように、昨今、DV は一部の特別な出来事ではなく、日常に潜む暴力行為であることがわかる。

## 5.　児童虐待・DV への対応

　このように、児童虐待や DV はそれぞれの被害者に対して心身両面に深い傷を負わせるものである。これらの行為が、子どもがいる家庭内で起こることは子どもの健全な発達に重大な影響を与えるばかりでなく、社会全体に与える影響も少なくない。近年の様々な研究によって、被虐待児が親になったときに、自らの子どもに対して虐待をする、いわゆる「虐待の連鎖」が生じる可能性が高いことも指摘されている。児童虐待については、市町村や児童相談所などの行政機関が相談・対応にあたるほか、子育て家庭の孤立や育児不安・負担感の増大による児童虐待を防ぐため、各地域に設置されている地域子育て支援拠点などもその発生予防に取り組んでいる。また、2018（平成30）年から適用される新しい「保育所保育指針」では、保育所は、「保護者に不適切な養育等が疑われる場合には、市町村や関係機関と連携し、要保護児童対策地域協議会で検討するなど適切に対応を図ること（第 4 章 2 (3)イ）」とするなど、地域住民に最も身近な保育所における子育て支援には、虐待を防止・早期発見する観点も含まれている。なお、ここでいう要保護児童対策地域協議会とは、虐待を受けている児童や非行児童などの要保護児童や養育支援が特に必要な要支援児童とその保護者に対する支援等を行うため市町村（特別区を含む）、都道府県に設置されているもので、児童福祉、保健医療、教育、警察・司法などの関係者で構成され、対象者に関する情報の交換や支援内容の協議を行う機関である。

　一方、DV への対応については先に挙げた配偶者暴力相談支援センターが

中心になるが，DV被害者の一時保護施設としては，母子生活支援施設が最も多くなっており，DV被害者の保護から自立支援に向けた支援並びに子どもの保育を行う施設としてその利用のニーズが高まっている．

　これまでみてきたように，児童虐待もDVも，その相談対応件数は年を追って増加する傾向にある．それに伴い，「児童虐待防止法」や「DV防止法」は度重なる改正を行ってはいるが，それぞれの相談機関が対応できる件数の限界を超え，飽和状態であることがしばしば問題となっている．そのため，本来ならば支援が必要なケースも見過ごされていることも否定できない現状であることを理解したい．

## 第3節　児童虐待・DVの課題

　児童虐待やDVは，その被害児・者に与える影響があまりにも大きく，それらの行為が起こらないようにする社会的なシステムの整備が何よりも重要である．しかし，現実をみてみると，児童虐待・DVともに相談対応件数が1年間で10万件を超え，何らかの支援が必要なケースが後を絶たない．特に児童虐待の被虐待児の場合，社会的に自立するための様々な知識や技術を獲得する極めて大切な時期に，子どもにとって必要不可欠な愛着が形成されないばかりか，暴力の対象になるということは，その後の子どもの人生に甚大な悪影響を及ぼすことが懸念される．したがって，児童虐待・DVはその発生防止とともに，早期発見・早期対応が必要である．

　児童虐待の場合，その程度や子どもを取り巻く環境にもよるが，継続してその家庭において生活することが困難な場合，社会的養護によってその生活を保障しなければならない．被虐待児への支援は主に乳児院・児童養護施設などによる施設養護か，里親委託などの家庭養護が中心となる．また，母親がDVの被害を受けている場合は，母子生活支援施設もその受け皿となろう．社会的養護の詳細は第11章で触れることになるが，いずれの施設等にあっても，被虐待児が心身に受けた深い傷をケアしていくことが求められている．

加えて，施設退所後に様々な課題を抱えるケースも少なくないことから，アフターケアの機能も施設等の大きな役割となる．

　また，児童虐待の発生予防の観点から，2016（平成 28）年の「児童福祉法」改正により，同法に「支援を要する妊婦等に関する情報提供」に関する規定が盛り込まれた．これは，虐待による児童の死亡事例の 4 割強が 0 歳児であり，その背景として母親が妊娠期から独りで悩みを抱えているケースや産前産後期の心身の不調，家庭環境の問題が考えられるため，これらの支援を必要とする妊婦等に日頃から接する機会の多い医療機関，児童福祉施設，学校等が，支援を要する妊婦等を把握した場合には，その情報を市町村に提供するよう努めることとしたものである．これによって，妊娠期から子育て期までの切れ目のない支援が実施されることが期待されている．

　一方，子どものいる家庭における DV は，母子生活支援施設等にける一時的な保護が可能ではあるが，将来の自立的生活の大きな壁になるのが経済的な問題である．我が国のひとり親世帯，特に母子家庭の貧困率が極めて高い現状からもその深刻さを見て取れる．貧困を理由として学習機会が奪われたり，進学できなかったりという問題が現実に生じており，DV は配偶者等だけではなく，その子どもの生活にも様々な困難をもたらす．児童虐待も DV も暴力から救済することができても，その後の自立には少なくない課題があるのである．これらについて，社会全体で問題意識を共有し，対応していくことが望まれている．

**参考文献**

『改正児童福祉法・児童虐待防止法のポイント（平成 29 年 4 月完全施行）新旧対照表・改正後条文』，中央法規出版，2016 年

全国保育士養成協議会監修『ひと目でわかる基本保育データブック 2017』，中央法規出版，2016 年

日本子ども家庭総合研究所編『子ども虐待対応の手引き』（平成 25 年 8 月　改正版），有斐閣，2014 年

# 第11章　社会的養護

## 第1節　社会的養護とは

　本来，子どもは家庭生活において親から愛情を受けながら大切に育てられることで，心身ともに健やかに成長し，発達する．しかし，親のいない子どもや虐待や貧困等の理由でその家庭において適切な養育を受けられない子どもも存在する．そのような子どもに対してどのようにして家庭生活に変わる環境を準備し，成長や発達を保障するのであろうか．このとき，その役割を果たすのが社会的養護である．

　厚生労働省は社会的養護を「保護者のない児童や，保護者に監護させることが適当でない児童を，公的責任で社会的に養育し，保護するとともに，養育に大きな困難を抱える家庭への支援を行うこと」としている．つまり，社会的養護とは公的な責任によって家庭に変わる適切な養育環境を整備し，そこで子どもたちが心身ともに健やかに成長し，発達できるようにする取り組みである．

　また，厚生労働省は社会的養護を「『子どもの最善の利益のために』と『社会全体で子どもを育む』を理念として行う」としている．「子どもの最善の利益」については我が国が批准している「児童の権利に関する条約」の基本原則として掲げられている．そのため社会的養護においても子どもにとって最もよいことは何かを最優先に考えながら実施することが求められる．次に「社会全体で子どもを育む」については「児童福祉法」第2条第1項に「すべて国民は，児童が良好な環境において生まれ…（中略）…その最善の利益が優先して考慮され，心身ともに健やかに育成されるよう努めなければ

ならない」と規定しているように，社会的養護は関係する者のみが実践するのではなく，地域住民をはじめとした人々と協働・協力しながら社会全体で進めていくことが求められている．

## 第2節　社会的養護の現状

### 1. 家庭養護と施設養護の現状

　社会的養護は家庭養護と施設養護に大別することができる．家庭養護は里親やファミリーホームといった一般家庭を活用した養護形態であり，施設養護は乳児院や児童養護施設，児童自立支援施設等の児童福祉施設を活用した養護形態である．

　国によれば2016（平成28）年3月末現在で保護者のいない子ども，虐待などの家庭環境上の理由で社会的養護を実施している子どもは約45,000人いるとされている．そのうち家庭養護である里親に委託されている子どもは4,973人（委託里親数3,817世帯），ファミリーホームに委託されている児童は1,261人（ホーム数287か所）となっている（図11-1）．

　一方，施設養護である各児童福祉施設の施設数と入所する子どもの数は次のとおりである．まず，乳児院は全国に136か所（定員3,877人）あり2,901人の子どもが入所している．次に児童養護施設は全国に603か所（定員32,613人）あり27,288人が入所している．情緒障害児短期治療施設（現・児童心理治療施設）は全国に46か所（定員1,708人）あり1,264人が入所している．児童自立支援施設は全国に58か所（定員3,686人）あり1,395人が入所している．母子生活支援施設は全国に232か所（定員4,740世帯）あり3,330世帯が入所し，5,479人の子どもが母親とともに入所している．自立援助ホームは143か所（定員934人）あり516人が入所している．

　日本における社会的養護は施設養護を中心に実施されてきた．そのため，里親・ファミリーホームといった家庭養護への委託率は2015（平成27）年

図11-1　社会的養護の現状

| 里親 | 家庭における養育を里親に委託 | 登録里親数 | 委託里親数 | 委託児童数 | ファミリーホーム | 養育者の住居において家庭養護を行う(定員5〜6名) | |
|---|---|---|---|---|---|---|---|
| | | 10,679世帯 | 3,817世帯 | 4,972人 | | | |
| | 区分 (里親は重複登録有り) | 養育里親 | 8,445世帯 | 3,043世帯 | 3,842人 | ホーム数 | 287か所 |
| | | 専門里親 | 684世帯 | 176世帯 | 215人 | | |
| | | 養子縁組里親 | 3,450世帯 | 233世帯 | 222人 | 委託児童数 | 1,261人 |
| | | 親族里親 | 505世帯 | 495世帯 | 712人 | | |

| 施設 | 乳児院 | 児童養護施設 | 情緒障害児短期治療施設 | 児童自立支援施設 | 母子生活支援施設 | 自立援助ホーム |
|---|---|---|---|---|---|---|
| 対象児童 | 乳児(特に必要な場合は,幼児を含む) | 保護者のない児童,虐待されている児童その他環境上養護を要する児童(特に必要な場合は,乳児を含む) | 軽度の情緒障害を有する児童 | 不良行為をなし,またはなすおそれのある児童及び家庭環境その他の環境上の理由により生活指導等を要する児童 | 配偶者のない女子またはこれに準ずる事情にある女子及びその者の監護すべき児童 | 義務教育を終了した児童であって,児童養護施設等を退所した児童等 |
| 施設数 | 136か所 | 603か所 | 46か所 | 58か所 | 232か所 | 143か所 |
| 定員 | 3,877人 | 32,613人 | 1,708人 | 3,686人 | 4,740世帯 | 934人 |
| 現員 | 2,901人 | 27,288人 | 1,264人 | 1,395人 | 3,330世帯 児童5,479人 | 516人 |
| 職員総数 | 4,661人 | 17,046人 | 1,024人 | 1,847人 | 2,051人 | 586人 |

| 小規模グループケア | 1,305か所 |
|---|---|
| 地域小規模児童養護施設 | 354か所 |

※里親数、FHホーム数、委託児童数は福祉行政報告例(平成28年3月末現在)
※施設数、ホーム数(FH除く)、定員、現員、小規模グループケア、地域小規模児童養護施設のか所数は家庭福祉課調べ(平成28年10月1日現在)
※職員数(自立援助ホームを除く)は、社会福祉施設等調査報告(平成27年10月1日現在)
※自立援助ホームの職員数は家庭福祉課調べ(平成27年3月1日現在)
※児童自立支援施設は、国立2施設を含む

出所) 厚生労働省「社会的養護の現状について(参考資料)」2017年を一部改変

度末の時点で17.5%（児童養護施設入所児，乳児院入所児，里親・ファミリーホーム委託児の総数からの割合）と決して高くはない．

## 2.　家庭養護

　家庭養護は保護を必要とする児童を温かい愛情と正しい理解をもった養育者の家庭で養育する制度である．その取り組みには里親制度とファミリーホーム事業の2つがある．

### (1)　里親制度

　里親制度は「児童福祉法」第6条の4に規定された取り組みで，保護を必要とする子どもの養育を希望し登録された者もしくは認められた者が里親となることができる制度である．里親制度は特別養子縁組制度とは異なり，法的な親子関係は発生せず，原則として18歳（必要がある場合は20歳まで延

長）までの子どもを 4 人まで預かることができる.

　里親は主に「養育里親」「専門里親」「養子縁組里親」「親族里親」の 4 種類に分けられる.「養育里親」は保護を必要とする子どもの養育を希望する者が自らの家庭で子どもを養育する里親である.「専門里親」は養育里親のうち虐待や障害などの理由により, 専門的な援助を必要する子どもを養育する里親である.「養子縁組里親」は養子縁組によって子どもの養親となることを希望する里親である.「親族里親」は祖父母などの親族が保護を必要とする子どもの養育を行う里親である.

### (2)　ファミリーホーム事業

　ファミリーホーム事業は養育者の家庭に 5 人から 6 人の子どもを迎え入れ養育し, 子ども同士の相互作用を活かしながら自立を支援することを目的とする事業である. 養育者は子どもたちが生活するファミリーホームに生活の拠点をおくものとし, 養育者 2 人（配偶者）と補助者 1 人以上, もしくは養育者 1 人と補助者 2 人以上で子どもを養育することになる. 養育者の住居を活用する点が里親と同様であり, 里親より多く子どもを迎え入れられる点で里親を大きくした里親型の取り組みといえる.

## 3.　施設養護における家庭的養護

　日本における施設養護は長らく大舎制の施設形態を中心として実施されてきた. そのため 2008（平成 20 年）年 3 月の時点で 7 割を超える児童養護施設が大舎制であった. 大舎制とは 1 つの大きな家屋に 20 人以上で生活し, その建物には共同で使うトイレや風呂などの生活に必要な設備が整備されている形態である. ただ, 大舎性では子どもの個別化を図り「あたりまえの生活」を保障するという観点からは課題が多くみられていた.

　2011（平成 23 年）年 7 月に児童養護施設等の社会的養護の課題に関する検討委員会及び社会保障審議会児童部会社会的養護専門委員会において「社会的養護の課題と将来像」が取りまとめられ, 家庭養護の優先と施設養護もでき

る限り家庭的な養育環境の形態に変えていく必要性が示された．これを機に
社会的養護における家庭養護の積極的な活用が目指され，さらには施設の小
規模化と地域分散化といった家庭的養護の推進が進められるようになった．
その結果，2012（平成24）年3月の時点で大舎制の数が5割となり，その後
も施設の小規模化が図られている．

　家庭的養護の具体的な取り組みとして「小規模グループケア」と「地域小
規模児童養護施設」がある．

### （1）　小規模グループケア

　「小規模グループケア」は6人から8人の子どもがグループとなって生活
をする．各グループが生活するホームには生活に必要な設備が整えられてお
り，それぞれに担当職員が配置されている．小規模グループケアには本体施
設の敷地内に複数のホームを集めて行う本園ユニットケアと敷地外の地域で
行う分園型がある．家庭的な環境をつくりやすく，各ホームが孤立しにくい
ため運営管理が行いやすいという特徴がある．

### （2）　地域小規模児童養護施設

　「地域小規模児童養護施設」は本体施設の支援の下で地域の民間住宅など
を活用し，そこで6人までの子どもが生活する形態の施設である．地域にあ
る民間住宅などを活用するため，家庭で求められる生活技術が身につきやす
く，子どもと地域とのかかわりも深まりやすいのが特徴である．

## 第3節　社会的養護の課題

　国は社会的養護における家庭養護の積極的な活用と家庭的養護の推進に取
り組み，将来的に施設養護，家庭養護，家庭的養護をそれぞれ3分の1ずつ
という割合にすることを目標にしている．これを実現するには，人材の確保
と専門性の向上が課題となる．

　家庭養護を積極的に活用するとなると里親への委託を拡大させなければならない．しかし，里親制度に対する社会的認知度は低いため，これまで以上の広報と啓発に工夫が求められる．また，安心して子どもを里親へ委託するためには一定以上の養育技術を里親が身につけることが求められる．里親の登録数が増えれば，そのための研修をこれまで以上に充実したり，サポート体制を強化したりすることがさらに必要となる．

　次に施設の小規模化，地域分散化を進めると，職員 1 人で多様な役割を担うことがこれまで以上に求められる．また，小規模化によって子どもの感情が表に出やすくなり衝突等が増え，難しい対応が増えることが予想される．そのため，職員が 1 人で課題を抱え込まないように相談体制やスーパービジョンのシステムを確立し，職員の交流と研修を十分に行うことがより求められることになる．

**参考文献**

児童育成協会監修・相澤仁・林浩康編『社会的養護』中央法規出版，2015 年

井村圭壯・相澤譲治編『保育と社会的養護』学文社，2014 年

井村圭壯・相澤譲治編『児童家庭福祉の理論と制度』勁草書房，2013 年

吉田眞理『児童の福祉を支える児童家庭福祉（第 3 版）』萌文書林，2016 年

# 第12章　障害のある児童への対応

## 第1節　障害のある児童とは

### 1. 児童福祉法における障害児の定義

「児童福祉法」において，障害児とは「身体に障害のある児童，知的障害のある児童，精神に障害のある児童（発達障害者支援法（中略）第2条第2項に規定する発達障害児を含む.）又は治療方法が確立していない疾病その他の特殊の疾病であつて障害者の日常生活及び社会生活を総合的に支援するための法律（中略）第4条第1項の政令で定めるものによる障害の程度が同項の厚生労働大臣が定める程度である児童」（第4条第2項）と定義されている．そして，同法第7条第2項では，「重度の知的障害及び重度の肢体不自由が重複している児童」を重症心身障害児と位置づけている．

### 2. 法制度にみる主な障害（児）の定義

#### （1）　身体障害

身体障害者障害程度等級表によると，身体障害とは，視覚障害，聴覚または平衡機能，音声言語機能，そしゃく機能，肢体不自由（上肢，下肢，体幹），内部機能（心臓，腎臓，呼吸器，膀胱，直腸，小腸，肝臓），免疫機能の障害のことをいう（「身体障害者福祉法」施行規則別表第5号）．これらに該当する障害があり，「身体障害者福祉法」第15条の規定により身体障害者手帳の交付を受けた18歳未満の児童を身体障害児という．身体障害のある児童は，指定医の診断書（意見書）等を添えて都道府県知事に申請をすることで身体障

害者手帳の交付を受けることができる（しかし，一般的理解では，身体障害児を，身体障害者手帳を持つ者に限定していない点には十分留意したい）．

## （2）　知的障害

知的障がいに関する法律上の明確な定義はない．障害を説明する際に援用されることが多い「知的障害児（者）基礎調査」における位置づけによると，知的障害児とは「知的機能の障害が発達期（おおむね18歳まで）にあらわれ，日常生活に支障が生じているため，何らかの特別の援助を必要とする状態にある」者と定義される．知的障害がある児童は，児童相談所での障害の程度に関する判定を経て療育手帳（A1〜A2等，自治体による）の交付を受けることができる（知的障害の程度の判定についての運用は，自治体の裁量に委ねられている）．

## （3）　精神障害

「精神保健及び精神障害者福祉に関する法律」において，精神障害者とは「統合失調症，精神作用物質による急性中毒又はその依存症，知的障害，精神病質その他の精神疾患を有する者」（第5条）と定義されており，このうち18歳未満のことを精神障害のある児童という（治療が可能なことから精神障害児の呼称は用いられていない）．精神障害がある児童のうち，精神疾患のために長期にわたって日常生活や社会生活に制約があり，初診日から6か月以上経過している者は，精神障害者保健福祉手帳の交付を受けることができる．

## （4）　発達障害

「発達障害者支援法」において，発達障害とは「自閉症，アスペルガー症候群その他の広汎性発達障害，学習障害，注意欠陥多動性障害その他これに類する脳機能の障害であってその症状が通常低年齢において発現するものとして政令で定めるもの」（第2条第1項）と定義されている．発達障害者とは

「発達障害がある者であって発達障害及び社会的障壁により日常生活又は社会生活に制限を受けるもの」をいい，発達障害児とは「発達障害者のうち18歳未満のもの」（同条第2項）をいう．自治体によって対応に差はあるが，発達障害は精神障害者保健福祉手帳の交付対象である．

## 第2節　障害のある児童の現状

### 1.　障害のある児童数等

　それぞれの障害を抱える子どもの数とその状況等を統計値から捉えていく．「平成23年生活のしづらさに関する調査」（2013年）「社会福祉施設等調査」（2010年ほか）を基にした厚生労働省の調べでは，身体障害のある18歳未満の児童数は約7.8万人（在宅者7.3万人，施設入所者0.5万人）と推計される．身体障害者手帳1・2級の身体障害児は，手帳保有者の6割強を占めており，過去の同調査の統計値からも肢体不自由児が多い．なお，身体障害の原因は脳性麻痺，心臓疾患等の割合が高い傾向にある．

　また，同調べでは，知的障害を抱える18歳未満の児童数は，約15.9万人（在宅者15.2万人，施設入所者0.7万人）と推計される．前出の調査（2013年）結果にもあるように，就学前児童の日中活動の場の状況は，自分の家や通園施設が主になりがちであるほか，1人での外出はわずかであり，家族等の付き添いのもとでの外出がその大半を占めている姿がある．

　「平成26年患者調査」（2015年）を基にした厚生労働省の調べでは，精神障害のある20歳未満の児童数は26.9万人（外来患者26.6万人，入院患者0.3万人）と推計される．一方で，「通常の学級に在籍する発達障害の可能性のある特別な教育的支援を必要とする児童生徒に関する調査」（2012年）の結果では，「知的発達に遅れはないものの学習面又は行動面で著しい困難を示す」児童生徒が6.5％（推計値）の割合で通常学級に在籍している可能性が示されている．

　障害のある児童に対する近年の動向としては，障害の重度・重複化及び多様化，学習障害（Learning Disability），注意欠陥多動性障害（Attention Deficit Hyperactivity Disorder）等への対応や，早い時期からの教育的対応を望む意見の高まり，高等部への進学率の上昇，卒業後の進路の多様化，自立と社会参加等が進んでいる[1] こと等が挙げられる.

## 2.　障害のある児童への施策

　はじめに，経済的支援では，1964（昭和 39）年制定の「特別児童扶養手当等の支給に関する法律」に基づく各種手当として，20 歳未満の重度・中度の在宅障害児を監護・養育する者に手当が支給される特別児童扶養手当や，20 歳未満の重度の在宅障害児に手当が支給される障害児福祉手当がある.

　次に，障害のある児童を対象とする施設や事業は，従来，施設入所等は「児童福祉法」，児童デイサービス等の事業は「障害者自立支援法」，重症心身障害児通園事業は予算事業として実施されてきたが，2014（平成 26）年 4 月に「児童福祉法」に根拠規定が一本化されたことに伴い，その体系が再編[2] された. 現在，障害児を対象とした支援の体系は，大きく障害児通所支援と障害児入所支援に分類できる. 前者を利用する者は，市区町村に障害支援区分に関する認定の申請を行い，支給決定を受けた後に利用する事業所等と契約を結ぶことになる. 後者を利用する場合には，児童相談所に申請して入所等の手続きを行う.

　これら障害児支援に関する利用児童数，総費用額，事業所数についてみてみると，障害児通所支援は増加傾向にある一方で，障害児入所支援は横ばいの状況[3] にある.

### （1）　障害児通所支援の概要（主な事業を抜粋）

#### 1）児童発達支援

集団及び個別療育を行う必要があると認められる未就学の障害児を対象に，通所形態のもとに，日常生活に必要な基本的な動作の指導，知識技能の付与，

集団生活への適応訓練，その他必要な支援を行うことを目的とする事業である．

　事業の中心的な担い手は児童発達支援センターであり，障害児への療育やその家族に対する支援のほか，施設の専門機能を活かして地域の障がい児やその家族等への相談支援を担う．

### 2) 放課後等デイサービス

　学校（幼稚園，大学を除く）通学中の障害児を対象に，放課後や夏休み等の長期休暇中において，生活能力向上のための訓練等を継続的に提供することによって，学校教育と相まって障害児の自立を促進するとともに，放課後等の居場所づくりを推進することを目的とする事業である．

　提供されるサービスは，①自立した日常生活を営むために必要な訓練，②創作的活動・作業活動，③地域交流の機会の提供，④余暇の提供等であり，事業内容は多岐にわたる．

### 3) 保育所等訪問支援

　保育所，認定こども園，幼稚園，小学校，特別支援学校等（以下，保育所等）を利用している障害児，あるいは今後利用する予定の障害児が，保育所等における集団生活への適応のための専門的な支援を必要とする場合に，訪問支援を実施することで安定した保育所等の利用につなげることを目的とする事業である．

　「集団生活への適応度」からみて支援の必要性のある児童や，発達障害児その他の気になる児童を対象に，当該施設における障害児以外の児童との集団生活への適応のための専門的支援として，①障害児本人に対する支援（集団生活適応のための訓練等），②訪問先施設のスタッフに対する支援（支援方法等の指導等）が実施される．


## (2)　障害児入所支援の概要

### 障害児入所支援

　これまで各障害別に分かれていた障害児の入所施設は，2012（平成 24）年

度から「障害児入所施設」として一元化され，①福祉型障害児入所施設，②
医療を併せて提供する医療型障害児入所施設の二類型に分類された．福祉型
障害児入所施設は，従来の知的障害児施設，第2種自閉症児施設，盲ろうあ
児施設，肢体不自由児療護施設からの移行が主であり，重度・重複化への対
応や障害者施策につなぐための自立支援の機能が強化された．医療型障害児
入所施設は，従来の第1種自閉症児施設，肢体不自由児施設，重症心身障害
児施設からの移行が主であり，専門医療と福祉が併せて提供されているそれ
までの形態を踏まえて，専門性の向上が図られた．

　その対象は，いずれも身体障害のある児童，知的障害のある児童，精神障
害のある児童（発達障害児を含む）であるが，手帳の有無は問わず，児童相
談所や医師等から療育の必要性が認められた児童も利用できる．

## 第3節　障害のある児童への支援上の課題

　厚生労働省は，2015（平成27）年に「現状・課題と検討の方向性」と題し
て，障害児支援の在り方と，障害児支援の質の向上を内容とする報告[4]を
まとめている．

　その中では，①乳児院や児童養護施設等の児童福祉施設に入所する障害児
数は増加しているが，外出が困難な障害児には十分な発達支援が行き届いて
いない状況があること，②人工呼吸器等を使用して痰の吸引等の医療的ケア
が必要な障害児が在宅生活を継続していこうとする場合に，必要な福祉サー
ビスが受けにくいほか，医療・福祉・教育等の関係機関との連携が十分では
ないこと等から家庭に大きな負担がかかっていること，③放課後等デイサー
ビスについては量的な拡大が著しく，事業所数及び利用者数は伸びているが，
「単なる居場所化している」事例や「発達支援の技術が十分ではない事業所
が軽度の障害児を集めている」事例があること等の課題が挙げられている．

　一方で，発達障害児への支援については，厚生労働省は2014（平成26）
年1月に「障害児支援の在り方に関する検討会」を設置し，同年7月に「今

図12-1　障害児の地域支援体制の整備の方向性のイメージ

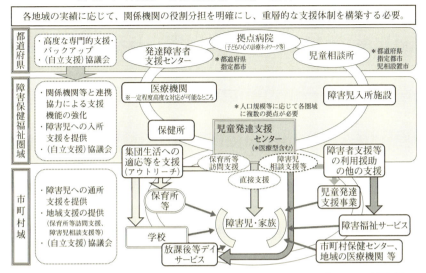

出所）厚生労働省，障害児支援の在り方に関する検討会「今後の障害児支援の在り方について［報告書］～「発達支援」が必要な子どもの支援はどうあるべきか～」2014年7月16日

後の障害児支援の在り方について（報告書）～『発達支援』が必要な子どもの支援はどうあるべきか～」5)を公表している．その中では，障害のある児童の最善の利益の尊重等のためには，「ライフステージに応じた切れ目のない支援（縦の連携）」と「保健・医療・福祉・保育・教育・就労支援等とも連携した地域支援体制の確立（横の連携）」が鍵になることが示されている．それらを実現していくための内容としては，①地域における「縦横連携」を進めるための体制づくり，②「縦横連携」によるライフステージごとの個別の支援の充実，③特別に配慮された支援が必要な障害児のための医療・福祉の連携，④家族支援の充実，⑤個々のサービスの質のさらなる確保が提言された．

　現在，報告書に示されたこれらの方向性を踏まえて地域の支援体制の整備が図られているが，障害のある児童の支援は，道半ばであることは明らかである．そして，量・質が支援の名に相応しいようになるには，施策に限らず，

私たち一人ひとりの障害に対する理解を欠くことができないことを忘れては
ならない.

注

1）　文部科学省「特別支援教育について」http://www.mext.go.jp/a_menu/
shotou/tokubetu/001.htm

2）　全国社会福祉協議会「福祉サービスの利用について（平成 27 年 4 月版）」
2015 年

3）　厚生労働省「障害児支援について（社会保障審議会障害者部会［第 70 回資料
1-1］」2015 年 9 月 9 日

4）　厚生労働省「現状・課題と検討の方向性（社会保障審議会障害者部会［第 75
回］資料 1)」2015 年 11 月 9 日

5）　厚生労働省 障害児支援の在り方に関する検討会「今後の障害児支援の在り方
について（報告書）～「発達支援」が必要な子どもの支援はどうあるべきか
～」2014 年 7 月 16 日

**参考文献**

NPO 法人日本医療ソーシャルワーク研究会編集『医療福祉総合ガイドブック
2017 年度版』医学書院，2017 年

厚生労働省社会・援護局障害保健福祉部「平成 23 年生活のしづらさなどに関す
る調査（全国在宅障害児・者等実態調査）結果」2013 年 6 月 28 日

全国児童発達支援協議会監修『障害児通所支援ハンドブック』エンパワメント研
究所，2015 年

# 第13章　非行への対応

## 第1節　非行とは

　「非行」という用語がもつ意味を『広辞苑（6版）』で確認すると，「①道義にはずれた行い．不正の行為．②特に青少年の，法律や社会的規範に反した行為．」とあり，少年の社会的規範，規則から逸脱する行動から法に反する犯罪行為までその意味は広く捉えられている．これを踏まえ，一般的な非行への解釈については，道徳に反する周囲への迷惑行動から法規範に係る逸脱行動まで，非行理解への価値判断をどこに置くかでその捉え方には違いが生じてるといえよう．

　一方，法的に非行の捉え方をみていけば，1948（昭和23）年に制定された現行「少年法」への理解をすすめることで，その範囲がみえてくる．「少年法」第3条では，家庭裁判所の審判に付すべき少年として，以下の「犯罪少年」「触法少年」「虞犯少年」を規定しており，この3つに分類された少年を「非行少年」としている．

1. 「犯罪少年」（「少年法」第3条第1項第1号）
　　14歳以上20歳未満の罪を犯した少年．
2. 「触法少年」（「少年法」第3条第1項第2号）
　　14歳に満たないで刑罰法令に触れる行為をした少年．
3. 「虞犯少年」（「少年法」第3条第1項第3号）
　　次に掲げる事由があつて，その性格又は環境に照して，将来，罪を犯し，又は刑罰法令に触れる行為をする虞のある少年．

イ　保護者の正当な監督に服しない性癖のあること．

ロ　正当の理由がなく家庭に寄り附かないこと．

ハ　犯罪性のある人若しくは不道徳な人と交際し，又はいかがわしい場所
　　に出入すること．

ニ　自己又は他人の徳性を害する行為をする性癖のあること．

　このように「少年法」に基づく3つの少年の性質をみても，非行とは，罪
を犯す行為から刑罰法令に抵触する恐れをなす行動，つまり虞犯行動までを
指すと解釈することができる．

## 第2節　非行の現状

### 1.　非行・犯罪件数の動向

　第二次世界大戦後から今日に至るまでの少年非行の動向について，平戸ル
リ子はこれまで3つのピークがあったことを指摘している．「1951年の戦後
の貧困の残る中での『生きるための非行』が第一，次いで1964年の高度経
済成長期を反映した薬物使用やバイク盗難など『遊び型非行』の第二，そし
て1983年の『低年齢化』『集団化』が第三のピークである．」[1]

　これを踏まえれば，少年非行の要因については，その時代ごとの社会背景
と密接に関連しているという見方ができる．そして，直近の10年間の少年
非行の動向については，「非行少年等の検挙・補導人員の推移」（図13-1及
び表13-1参照）が示すとおり，刑法犯少年をはじめ，触法少年（刑法），特
別法犯少年，そして触法少年（特別法）は検挙及び補導件数が減少傾向とな
っていることがわかる．

### 2.　非行少年への対応

　次に，非行少年に対する対応のプロセスを犯罪少年，触法少年，虞犯少年

図 13−1　非行少年等の検挙・補導人員の推移

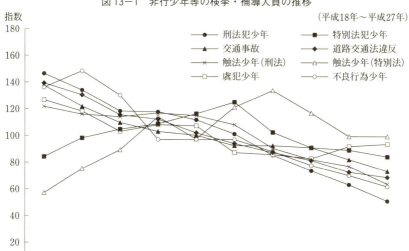

注 1) 交通事故に係る過失運転致死傷等と道路交通法違反の数値は，交通指導課による.
注 2) グラフ中の凡例の「交通事故」は，交通事故に係る過失運転致死傷等をいい，危険運転致死傷を含む.
注 3) 本図の道路交通法違反は，道路交通法の罪のうち，車両等（重被けん引車以外の軽車両を除く.）の運転に関するものをいう.
出所) 警察庁生活安全局少年課「平成 27 年度中における少年の補導及び保護の概況」

ごとにそれぞれ確認していく.

　犯罪少年とは 14 歳以上 20 歳未満の罪を犯した少年である. この犯罪少年には，刑事司法手続（「少年法」）が適用されることになり，通常，警察が検挙した場合，検察官へ送致し捜査が行われる. 捜査の結果，犯罪の嫌疑や家庭裁判所の審判に付すべき事由があるときに，家庭裁判所へ送致することになる. 検察官からの送致を受けて，家庭裁判所は必要な調査を行い，審判開始の有無を決定していく流れになる. 審判開始となればその結果に基づき，改めて不処分とするか，あるいは保護観察，少年院送致，児童自立支援施設，児童福祉施設送致保護処分，検察官送致といった保護処分が決定される. なお 14 歳以上の少年は刑事裁判を受ける可能性もあり，16 歳以上で重大な非行を行った場合は検察官へ逆送され，刑事処分を受けることになる.

表13−1　非行少年等の検挙・補導人員の推移

| 区分 ＼ 年 | 平成18年 | 平成19年 | 平成20年 | 平成21年 | 平成22年 | 平成23年 | 平成24年 | 平成25年 | 平成26年 | 平成27年 |
|---|---|---|---|---|---|---|---|---|---|---|
| 刑法犯少年 | 112,817 (147) | 103,224 (134) | 90,966 (118) | 90,282 (117) | 85,846 (111) | 77,696 (101) | 65,448 (85) | 56,469 (73) | 48,361 (63) | 38,921 (51) |
| 特別法犯少年 | 5,438 (84) | 6,339 (98) | 6,736 (104) | 7,000 (108) | 7,477 (116) | 8,033 (124) | 6,578 (102) | 5,830 (90) | 5,720 (89) | 5,412 (84) |
| 交通事故に係る過失運転致死傷等 | 32,616 (138) | 28,779 (122) | 25,881 (109) | 24,283 (103) | 23,615 (100) | 21,777 (92) | 21,705 (92) | 21,352 (90) | 19,292 (82) | 17,270 (73) |
| 道路交通法違反 | 397,111 (139) | 371,572 (130) | 328,429 (115) | 317,664 (111) | 289,624 (102) | 267,056 (94) | 247,050 (87) | 229,831 (81) | 205,829 (72) | 195,043 (68) |
| 触法少年（刑法） | 18,787 (121) | 17,904 (116) | 17,568 (114) | 18,029 (116) | 17,727 (115) | 16,616 (107) | 13,945 (90) | 12,592 (81) | 11,846 (77) | 9,759 (63) |
| 触法少年（特別法） | 462 (57) | 608 (75) | 720 (89) | 920 (114) | 787 (97) | 977 (121) | 1,076 (133) | 941 (116) | 801 (99) | 800 (99) |
| 虞犯少年 | 1,482 (127) | 1,379 (118) | 1,199 (103) | 1,258 (108) | 1,250 (107) | 1,016 (87) | 993 (85) | 959 (82) | 1,066 (91) | 1,089 (93) |
| 不良行為少年 | 1,427,928 (136) | 1,551,726 (148) | 1,361,769 (130) | 1,013,840 (97) | 1,011,964 (97) | 1,013,167 (97) | 917,926 (88) | 809,652 (77) | 731,174 (70) | 641,798 (61) |

注1）（ ）は、過去10年間の平均値を100とした場合の指数である。
注2）交通事故に係る過失運転致死傷等と道路交通法違反の数値は、交通指導課による。
注3）交通事故に係る過失運転致死傷等は、危険運転致死傷等を含む。
出所）警察庁生活安全局少年課「平成27年度中における少年の補導及び保護の概況」を一部改変

　触法少年は14歳未満で刑罰法令に触れる行為を行った少年である．触法少年の場合への対応は，警察に補導された後，児童相談所等に通告される．「児童福祉法」による措置が優先され，児童相談所は，通告された要保護児童について調査・診断・判定後に基づき，児童福祉司の指導や児童福祉施設措置をとるほか，非行内容が重大で家庭裁判所の審判に付することが適当であると判断される場合は，家庭裁判所へ送致し，保護処分が下されるケースもある．

　虞犯少年については，将来，罪を犯し，または刑罰法令に触れる行為をする虞のある少年であるが，14歳未満の少年は「児童福祉法」の措置が優先され，14歳以上18歳未満の少年については虞犯行為の性質を鑑みて，家庭裁判所へ送致の可能性もでてくる．また18歳以上の少年については，家庭裁判所に送致される．

## 第3節　非行少年への対応に関する課題

　「少年法」や「児童福祉法」の非行少年に対する対応の考え方は，処罰を与えることが目的ではない．「少年法」については，非行少年が成長発達途上にあり，可塑性が高く，立ち直る可能性がある存在という観点に立っている．また「児童福祉法」についても非行少年に対し保護の必要性があるのかどうかが考え方の前提にあり，要保護児童に対する養育環境を整えることで児童の健全な成長を促し，非行を防止するという方針をとっている．

　このような法の考え方を踏まえ，今後の非行少年に対応する課題を取り挙げておく．

　まず，前述のとおり，非行件数においては，減少傾向にあり，非行防止へ取り組みが有効に機能しているという見方がある一方で，看過できない点の1つが非行少年の再犯者率の増加である．警察庁生活安全局少年課「平成27年度中における少年の補導及び保護の概況」では，再犯者率は18年連続で増加しており，2015（平成27）年中は統計のある昭和47年以降で最も高い

36.4％であることが報告されている [2]．これは一度非行行動に走った少年た
ちに対する防止策と健全な成長，発達に向けた支援，対応が不十分であるこ
とを示唆するものである．

　非行形態についてその要因の特性から，「従来型」と「現代型」で対比し
て考えられることがある．「従来型」については，家庭環境要因と少年自身
の資質面に係る人格的要因が関係している非行であり，「現代型」について
は，少年らの違法性の境界線への判断基準が薄れていることや，集団で非行
を行い情緒の安定を得る，あるいはスリルを味わうといったいわば遊び感覚
としての色合いが強い非行のことである．特に，最近では，全体主義的見方
で，この「現代型非行」要因を重視した対策強化への動きが加速しつつある．
しかしながら，少年非行の要因の本質は遊び感覚としての非行だけでなく，
今日少なくなってきたと指摘されている「従来型」とされる要因として挙げ
られている家庭環境要因や少年自身の資質面に係る人格的要因を踏まえた対
策にもきちんと目を向けていかなければならない．

　少年らの更生とその後の発達支援をしっかり機能させていくために，非行
要因を全体主義的な見方で対策へつなげていくのではなく，非行少年の一人
ひとりの置かれている背景要因に合わせ，個別性の原則を働かせた環境調整
や発達支援の在り方とそのシステム強化が必要である．

注
1) 公益社会法人児童育成協会監修・新保幸男・小林理編『児童家庭福祉』中央
　　法規出版，2016 年，p. 148
2) 1-2-1-34 図　刑法犯少年の再犯者率の推移，警察庁生活安全局少年課「平成
　　27 年度中における少年の補導及び保護の概況」
　　https://www.npa.go.jp/safetylife/syonen/hodouhogo_gaikyou/H27.pdf

**参考文献**
金　英淑「少年非行と非行少年概念の変容と特色」『現代社会文化研究』37 号，
　　新潟大学大学院現代社会文化研究科紀要編集委員会，2006 年
生島浩「3．非行傾向のある生徒と保護者のための心理教育的アプローチ（第 2
　　章　心理教育の実践プログラム）」『学校臨床研究』1 巻 2 号，東京大学大学院

教育学研究科付属学校臨床総合教育研究センター，2000年

社会福祉士養成講座編集委員会編『児童や家庭に対する支援と児童・家庭福祉制度（第6版）』中央法規出版，2016年

社会福祉士養成講座編集委員会編『更生保護制度（第3版）』中央法規出版，2014年

立花直樹・波多埜英治編著『新・はじめて学ぶ社会福祉②児童家庭福祉論』ミネルヴァ書房，2015年

松本峰雄『保育者のための子ども家庭福祉』萌文書林，2007年

新保幸男・小林理編『児童家庭福祉』中央法規出版，2016年

# 第14章　子ども・子育て支援と児童家庭福祉の推進

## 第1節　子ども・子育て支援制度の概要と背景

### 1. これまでの子育て支援の考え方

　子育ての第一義的責任は保護者にあることは周知のとおりである．元来，子育ては保護者を中心に血縁・地縁関係の中で行われてきた．そこには「子育て支援」という概念は存在しなかった．「子育て支援」という用語がいつから使われるようになったのか明確ではないが，『厚生白書』に最初に登場したのは平成2年版（1990年発行）である[1]．この頃の子育ては，都市化や核家族化の進行のため，血縁・地縁による養育機能が低下し，新たな子育ての形（子育て支援）を必要としていた．また，1990（平成2）年は少子化対策が始まる契機となった1.57ショックといわれる年でもある．我が国の子育て支援は，新たな子育ての形の模索とともに，少子化対策として行われてきたといえる．

　以降，政府は，次々に子育て支援策（国家計画）を策定していくが，2010（平成22）年の「子ども・子育てビジョン」では，これまでの「少子化対策」から「子ども・子育て支援へ」と視点を移し，「子どもが主人公（チルドレン・ファースト）」という考え方を掲げた．この「子ども・子育てビジョン」の策定に合わせて始まったのが，子ども・子育て支援制度の検討である[2]．

### 2. 子ども・子育て支援制度とは

　子ども・子育て支援制度は，2015（平成27）年4月にスタートした．2012

（平成24）年に成立した子ども・子育て関連3法（「子ども・子育て支援法」，「就学前の子どもに関する教育，保育等の総合的な提供の推進に関する法律」，「子ども・子育て支援法及び就学前の子どもに関する教育，保育等の総合的な提供の推進に関する法律の一部を改正する法律」）に基づく新たな制度である．子ども・子育て支援制度が目指すのは，幼児期の教育や保育，地域の子育て支援を量と質の両面から拡充し，子どもの育ちや子育てを社会全体で支えていくことである．そのために市町村を実施主体とし，財源として消費税の引き上げによる増収分が活用される．

　柏女は，新制度導入の背景として，①待機児童対策，②幼保一体化，③幼児期の教育の振興，④全世代型社会保障の実現の4点を挙げている[3]．具体的には，①これまで主として採られてきた規制緩和政策による待機児童解消の限界，②親の事情で子どもを保育所と幼稚園に分断せず，地域の子どもとしてともに育てていく視点，③国際的にみた幼児期の教育におけるわが国の社会的投資の少なさ，④子ども・家庭に対する給付の強化による高齢者中心型社会保障から全世代型社会保障への転換の必要性を示している．

　「子ども・子育て支援法」（第7条第1項）では，「子ども・子育て支援」について，すべての子どもの健やかな成長のための適切な環境が確保されるよう，国，地方公共団体，地域等において実施される子ども及び保護者への支援であると定義している．子ども・子育て支援制度は，これまでの少子化対策を中心とした子育て支援策から大きく転換を図った新しい子ども・子育て支援の仕組みといえる．

## 第2節　子ども・子育て支援制度の仕組み

### 1. 教育・保育給付と認定

　子ども・子育て支援制度の概要は図14−1にまとめられる[4]．

　教育・保育給付は，施設型給付と地域型保育給付に分けられる．施設型給

図 14−1　子ども・子育て支援制度の概要

教育・保育給付

**施設型給付**

| 幼稚園（3〜5歳） | 保育所（0〜5歳） |

認定こども園（0〜5歳）
幼保連携型・幼稚園型・保育所型・地方裁量型

**地域型保育給付**

（0〜2歳）
①小規模保育
②家庭的保育
③事業所内保育
④居宅訪問型保育

地域子ども・子育て支援事業

・利用者支援事業
・地域子育て支援拠点事業
・一時預かり事業
・乳児家庭全戸訪問事業
・養育支援訪問事業
・子育て短期支援事業
・子育て援助活動支援事業
　（ファミリー・サポート・センター事業）
・延長保育事業
・病児保育事業
・放課後児童クラブ
　（放課後児童健全育成事業）
・妊婦健診
・実費徴収に係る補足給付を行う事業
・多様な事業者の参入促進・能力活用
　事業

出所）内閣府「子ども・子育て支援新制度について」2017 年，p.6 から筆者作成

付の対象は，幼稚園，保育所，認定こども園である．地域型保育給付の対象
は，以下の 4 つである．

①小規模保育：少人数（6〜19 人）の子どもを預かる．

②家庭的保育：家庭的な雰囲気のもとで，少人数（5 人以下）を預かる（保
　育ママ）．

③事業所内保育：会社の事業所の保育施設などで，従業員の子どもと地域の
　子どもを預かる．

④居宅訪問型保育：障がい・疾病などで個別的ケアが必要な場合や施設がな
　くなった地域で保育を維持する場合など保護者の居宅で個別保育をする．

　地域型保育は，保育所（原則 20 人以上）より少人数の単位で，0〜2 才の
子どもを保育する事業である．待機児童の多い都市部における保育の量の拡
大，子どもの数が減少している地域における保育の確保など地域のニーズに
合わせて対応することができる．

　これらの教育・保育給付を受ける（教育・保育の場を利用する）場合は，市町村で認定を受ける必要がある．認定には以下の 3 つの認定区分がある．（　）の中は，認定により利用できる施設である．

① 1 号認定：子どもが 3 歳以上で教育を希望する場合（幼稚園・認定こども園）

② 2 号認定：子どもが 3 歳以上で保育を希望する場合（保育所・認定こども園）

③ 3 号認定：子どもが 3 歳未満で保育を希望する場合（保育所・認定こども園・地域型保育）

　2 号と 3 号の認定については，保育を必要とする事由や状況に応じ，保育短時間認定（1 日あたり最長 8 時間までの利用が可能）と保育標準時間認定（1日当たり最長 11 時間までの利用が可能）の区分がある．

## 2.　地域子ども・子育て支援事業

　地域子ども・子育て支援事業として，すべての子育て家庭を対象に，13の事業が用意されている（図 14 − 1 参照）．新制度で創設された利用者支援事業は，子どもまたは保護者の身近な場所で，子ども・子育てに関する相談に応じ，地域の施設や子育て支援事業を利用できるように情報提供，支援の紹介など行うとともに，関係機関との連絡調整など行う事業である．また，放課後児童クラブ（放課後児童健全育成事業）では，子ども・子育て支援法により小学校 6 年生まで利用延長されることとなった．

## 3.　仕事・子育て両立支援事業

　2016（平成 28）年 4 月から，企業等からの事業主拠出金を財源とし，従業員が働きながら子育てしやすい環境を整備する企業を支援する助成制度が創設された．具体的には，①企業主導型保育事業（従業員のための保育施設の設備・運営費用を助成する）と，②企業主導型ベビーシッター利用者支援事業（残業や夜勤等にベビーシッターを利用した場合に費用を助成する）の 2 事業で

ある.

## 第3節　児童家庭福祉の推進からみた「子ども・子育て支援制度」の課題

　現在の児童家庭福祉が目指しているのは，地域における包括的・継続的な支援体制づくりである．それは，要保護児童対策地域協議会の機能拡充や母子健康包括支援センター（子育て世代包括支援センター）の創設などにもあらわれている．ここでは，このような児童家庭福祉の推進に対する子ども・子育て支援制度の課題として，幼保一体化を取り上げる.

　子ども・子育て支援制度の基盤となる子ども・子育て関連3法案では，保育所，幼稚園及び認定こども園制度を段階的に廃止し，就学前の教育・保育はすべて「総合こども園」とすることが示された．しかし，教育や保育関係者からの反対が大きく，「総合こども園」案は廃止され，いわゆる「認定こども園法」の改正による幼保連携型認定こども園が創設された．幼保連携型認定こども園は，教育・保育及び子育て支援を一体的に提供する学校及び児童福祉施設として位置づけられる単独の施設である.

　幼保連携型認定こども園の創設は，幼保一体化への大きな前進として評価できる．しかし，結果的には，就学前の教育・保育施設として幼稚園，保育所，認定こども園（幼保連携型認定こども園を含む）の3つが残ったことになる.

　親の就労などにより子どもが利用する場が分断されると，親の事情で保育の必要がなくなった場合に，子どもは保育所から幼稚園に移らなければならないという問題が生じる．就学前の子どもたちを地域でともに育てていくという包括的・継続的支援に逆行することになる．幼保一体化に向けて，現行の制度では，政府が目指しているように認定こども園への積極的移行を進め，特に幼保連携型認定こども園を拡充していくことが求められるだろう.

**注**

1）吉田ゆり「子育て支援の展開とまちづくりの関連について」『現代社会研究科論集』3号，2009年，pp. 69-81
2）内閣府『少子化社会対策白書（平成28年度版）』pp. 32-33
3）柏女霊峰『これからの子ども・子育て支援を考える──共生社会の創出をめざして』ミネルヴァ書房，2017年，pp. 28-30
4）内閣府「子ども・子育て支援新制度について」（資料）2017年

**参考文献**

柏女霊峰『子ども・子育て支援制度を読み解く──その全体像と今後の課題』誠心書房，2015年
佐藤純子・今井豊彦『早わかり子ども・子育て支援新制度──現場はどう変わるのか』ぎょうせい，2015年
内閣府・文部科学省・厚生労働省「子ども・子育て支援新制度なるほどBOOK（平成28年度4月改訂版）」（資料）

# 第15章　保育と教育・療育・保健・医療等の連携とネットワーク

## 第1節　「保育」と他専門機関との連携の必要性

　近年の我が国では，児童虐待や子どもの貧困など児童家庭福祉に関わる課題が山積しており，それらに対応するために子育て支援の充実が急がれている．特に「保育」の現場で働く保育士は，保護者にとって最も身近な子育ての専門家であることから，施策の担い手としての期待がかかっている．

　2016（平成28）年には「障害者差別解消法」が施行され，公的機関や保育・教育の現場においては，障がいのある子どもを差別することなく，保護者の申し出に応じて個別に必要な調整を行う「合理的配慮」を行うこととなった．現在，保育の現場では，障がいの診断は受けていないが，発達の遅れや偏りなどが疑われる「気がかりな子ども」も増えており，子どもとその保護者に適切な支援を行うことが求められている．さらに発達障がいに加え，児童虐待や子どもの貧困などの問題が複雑に絡み合ったケースも増えている．

　支援の基本は，保護者の心情に寄り添い信頼関係を築く努力を絶やさないことであるが，上述のような複雑な問題に対処するためには，児童家庭福祉や障がい児保育に関連する「知識と支援技術」を備える必要がある．また，問題を担当の保育士一人で解決しようとするのではなく，園全体で対応することが大切である．さらには，園のみで解決しようとするのではなく，地域の専門機関との連携が解決のカギを握っていることを常日頃から意識しておく必要がある．

　本章では，上述のように様々な課題を抱えた子どもや保護者を支えるための，「保育」と「他専門機関」との連携のあり方や，ネットワークについて

学ぶ.

## 第2節　他専門機関との「連携・協働」における基本姿勢

　生活の中で困ったことを抱えた保護者や子どもへの支援を行うためには,「相談援助(ソーシャルワーク)の技術」の中でも特に他専門機関との「連携・協働」の視点が重要となる.「連携」と「協働」の意味は似ているが,ここでいう「連携」とは,互いに連絡をとり協力して物事を行うことであり,「協働」とは,専門性や立場の違いを越え「対等な立場」でともに働くことを示す.保育士は,①保護者,②園の同僚及び管理責任者,③他専門機関,といった関係者と「連携・協働」をはかり課題に対応していく.

　「連携・協働」をはかるためには,じっくりと相手の話に耳を傾ける「受容・傾聴」という「カウンセリング」の基本姿勢が必要となる.特に様々な思いを抱えている保護者に対しては,この姿勢が重要である.しかし,他専門機関との「連携・協働」においては,受容し傾聴するだけではなく,園側もしっかりと情報を伝え意見を述べる必要がある.保育士からの情報や意見は他専門機関にとって大変重要なものである.「対等な立場での協力」であることを踏まえ,専門家から受けた助言が実現可能性かどうか検討しつつ,率直に意見を伝えるよう努めたい.

　「連携・協働」の際に他専門機関が必要としている保育現場の情報は,以下の8つと考えられる.

①保育士からみた子どもの発達状況や抱えている問題

②他児とのかかわりの様子

③園での支援の経過と結果

④問題に対する保護者の受け止め方や理解の状況

⑤家族関係や保育士との人間関係

⑥経済的な問題など家族の置かれている社会的な状況

⑦家族と保育士のそれぞれがもつ支援へのニーズ

⑧支援についての保護者の同意（守秘義務への配慮）.

　さらに配慮しなければならないことは，虐待の可能性や，家族が相談を拒否しているような場合である．そのような場合には，他専門機関全体による集団守秘の取り扱いに留意した上で，慎重な対応を行う必要がある.

## 第3節　他専門機関とのネットワーク

　これまで述べてきたように，保育士は子どもや家庭の日常生活を支える専門家であり，日常の子育て相談の窓口でもある．より高度なサポートを要するケースにおいては，他専門機関につなぎ「連携・協働」を心掛けて支援を行う必要がある．そのためにも，近隣にどのような機関や専門家がいるのか，常日頃より情報を得ておくとよいだろう.

　ここでは，他専門機関として「教育」・「療育」・「保健」・「医療」を挙げ，現状を「保育」とのネットワークの視点から述べる.

### 1. 教育

　市町村教育委員会は，発達障がいを抱えている子どもの「就学に向けた相談会」を実施している．入学後の加配教員の配置や特別支援学級への在籍，通級指導教室の利用など子どもに必要な「合理的配慮」を検討するためにも，園での保育や支援の情報は必要である．情報提供に際しては，保護者の承諾を得て行う.

　近年では「特別支援教育コーディネーター」という教員が配置されている小学校が増えている．また，不登校など子どもの情緒的な問題や発達の問題などに対応する「スクール・カウンセラー」や，貧困など福祉上の問題などに対応する「スクール・ソーシャル・ワーカー」といった専門家の配置も進んでいる．これら学校体制や専門家の存在は，保護者に安心をもたらすことから，保育士も日頃より近隣の小学校の支援体制についての情報を得ておくよう努めたい.

教育機関が主となって実施している子どもの支援のためのネットワークには，①専門家が相談・支援を行う「相談支援チーム（名称は地域で異なる）」，②特別支援学校が地域の拠点となって進めている「専門家チーム会議」・「巡回相談」・「巡回相談員による検査・助言指導」などがある．

## 2．療育

2012（平成24）年の「児童福祉法の一部改正法」により，困りを抱えた子どもが身近な地域で支援を受けられるようにと障がい児の通所支援が再編された．特に「保育」との連携という点で重要な役割を担っているのが「児童発達支援センター」である．

「児童発達支援センター」は，専門家が直接保育園や幼稚園などに出向いて指導を行う「保育所等訪問支援」を行い，地域ネットワークの拠点となっている．また，子どもの発達に不安を抱えている保護者の相談を受け，子どもの療育支援も行っている．地域療育の拠点として，今後さらなる発展が期待される施設である．

児童発達支援センターには「医療型」，「福祉型」の2タイプがあり，主に医師，看護師，保育士，心理士，作業療法士，言語聴覚士などが勤務し，子どもへの訓練，療育，指導，保護者や訪問指導における保育者・教諭への助言などを行っている．（上記専門職の職務内容については，4．医療を参照）

## 3．保健

保健所や市町村保健センターでは，「妊婦健康診査」，「乳児家庭全戸訪問」，「乳幼児健康診査」などの母子保健に係る事業を通して，養育支援が必要な子どもや家庭を積極的にサポートし，発達障がいや虐待の発生防止に向けた取り組みを行っている．教育委員会，児童発達支援センター，医療機関などとも連携して「巡回相談会」を実施し，発達障がいや児童家庭福祉上の課題のある乳幼児とその保護者を支えている．また，保育現場からの相談にも応じ，必要となる専門機関への橋渡しを行っている．

保健所や保健センターでは，虐待を受けた子どもとその親に対して，家族全体を視野に入れた在宅支援も行っている．また，ケースに応じて，地方公共団体の福祉事務所に設置されている「家庭児童相談室」や児童相談所などと連携し支援を行っている．

## 4. 医療

医療機関では，小児科，児童精神科などの医師が，医学及び発達的観点から，子どもの障がいなどの診断，治療，予防，家族や地域への指導・助言などを行っている．「療育」機関を併設して訓練を行い，「教育」や「保健」と連携して地域に出向いて「巡回相談会」を行う医療機関も増えている．

医療機関（及び療育機関）で勤務する専門職は次のような職務を行っている．

### 1）心理士

発達検査，知能検査，心理面接などを通して，子どもの心理や特性に関する心理的な評価を行う．また，子どもや家族への心理面接や心理療法などを行い問題の改善をはかる．

### 2）理学療法士（PT）

身体機能の発達が遅れている子どもに，運動を通して発達を促し，自立した日常生活に向けて治療・訓練を行う．

### 3）言語聴覚士（ST）

様々な要因で言語機能の発達が遅れている子どもが，ことばやコミュニケーションに興味関心をもち，語いや文法や文字を含めた「ことばの獲得」ができるように訓練を行う．

### 4）作業療法士（OT）

生活や社会的活動に関わる作業の訓練や，感覚に偏りがある子どもへの「感覚統合療法」などを通して，心身機能や社会性の発達を促す．

**参考文献**
井村圭壮・相澤譲治編著　『児童家庭福祉分析論──理論と制度を基盤として』

学文社，2012 年

小林徹・栗山宣夫編著　『ライフステージを見通した障害児の保育・教育』みらい，2016 年

# 執筆者略歴

|  |  |  |
|---|---|---|
| 1章 | 坪井 真（つぼい まこと） | 作新学院大学女子短期大学部 |
| 2章 | 上村 裕樹（うえむら ひろき） | 聖和学園短期大学 |
| 3章 | 木村 匡登（きむら まさと） | 宮崎学園短期大学 |
| 4章 | 松崎 優（まつざき すぐる） | 第一幼児教育短期大学 |
| 5章第1節 | 今井 慶宗（いまい よしむね） | 関西女子短期大学 |
| 5章第2，3節 | 鎌田 綱治（かまだ こうじ） | 四国医療福祉専門学校 |
| 6章 | 相澤 譲治（あいざわ じょうじ） | 神戸学院大学 |
| 7章 | 古野 誠生（ふるの なりお） | 純真短期大学 |
| 8章 | 安藤 みゆき（あんどう みゆき） | 茨木女子短期大学 |
| 9章 | 若宮 邦彦（わかみや くにひこ） | 南九州大学 |
| 10章 | 新沼 英明（にいぬま ひであき） | 名古屋短期大学 |
| 11章 | 時本 英知（ときもと ひでのり） | 青森中央短期大学 |
| 12章 | 隣谷 正範（となりや まさのり） | 飯田女子短期大学 |
| 13章 | 竹下 徹（たけした とおる） | 尚絅大学短期大学部 |
| 14章 | 曽田 里美（そだ さとみ） | 神戸女子大学 |
| 15章 | 飯田 法子（いいだ のりこ） | 別府大学短期大学部 |

編著者紹介

相澤譲治（あいざわ・じょうじ）
1958 年生まれ
現　在　神戸学院大学教授
主　書　『福祉職員のスキルアップ——事例研究とスーパービジョン』（勁草書房，
　　　　2005 年）
　　　　『介護福祉実践論』（久美出版，2006 年）
　　　　『スーパービジョンの方法』（相川書房，2006 年）
　　　　『相談援助の基盤と専門職（第 3 版）』（編著，久美出版，2012 年）
　　　　『ソーシャルワーク演習ケースブック』（編著，みらい，2012 年）
　　　　『社会福祉の基本と課題』（編著，勁草書房，2015 年）

今井慶宗（いまい・よしむね）
1971 年生まれ
現　在　関西女子短期大学講師　保育士
主　書　『児童家庭福祉（第 3 版）』（共著，大学教育出版，2014 年）
　　　　『社会福祉の制度と課題』（共著，学文社，2015 年）
　　　　『社会福祉の基本と課題』（共著，勁草書房，2015 年）
　　　　『現代社会福祉概説』（共著，ふくろう出版，2015 年）

保育実践と児童家庭福祉論

2017年12月20日　第 1 版第 1 刷発行

編著者　相澤譲治
　　　　今井慶宗

発行者　井村寿人

発行所　株式会社　勁草書房

112-0005　東京都文京区水道2-1-1　振替　00150-2-175253
電話（編集）03-3815-5277／ＦＡＸ 03-3814-6968
電話（営業）03-3814-6861／ＦＡＸ 03-3814-6854
港北出版印刷・中永製本

© AIZAWA Jôji, IMAI Yoshimune 2017

ISBN978-4-326-70102-5　　Printed in Japan

＊落丁本・乱丁本はお取替いたします。
http://www.keisoshobo.co.jp

井村圭壯・今井慶宗 編著
社 会 福 祉 の 基 本 体 系 〔第 5 版〕　　　　2,000円

井村圭壯・今井慶宗 編著
保 育 実 践 と 家 庭 支 援 論　　　　2,000円

井村圭壯・相澤譲治 編著
保 育 実 践 と 社 会 的 養 護　　　　2,000円

井村圭壯・相澤譲治 編著
児 童 家 庭 福 祉 の 理 論 と 制 度　　　　2,400円

井村圭壯・相澤譲治 編著
児 童 家 庭 福 祉 の 成 立 と 課 題　　　　2,400円

K.E.リード著, 大利一雄訳
グ ル ー プ ワ ー ク の 歴 史　　　　3,400円

J.M.ストーン著, 大利一雄ほか訳
ボ ラ ン テ ィ ア の グ ル ー プ 指 導 入 門　　　　1,100円

R.ジャック著, 小田兼三ほか訳
施 設 ケ ア 対 コ ミ ュ ニ テ ィ ケ ア　　　　3,500円

相澤譲治, 栗山直子編著
家 　 族 　 福 　 祉 　 論　　　　2,400円

勁草書房刊

＊ 表示価格は2017年12月現在. 消費税は含まれておりません.